RENATE HENDRICKS

SCHICKSAL SCHULE

Eine Elternstreitschrift im Interesse der Kinder

Klett | Kallmeyer

Bibliografische Information Der Deutschen Bibliothek
Die Deutsche Bibliothek verzeichnet diese Publikation in der
Deutschen Nationalbibliografie; detaillierte biliografische Daten
sind im Internet über http://dnb.ddb.de abrufbar.

IMPRESSUM

Renate Hendricks:
Schicksal Schule
Eine Elternstreitschrift im Interesse der Kinder

1. Auflage 2006
© 2006 Kallmeyer in Verbindung mit Klett
Erhard Friedrich Verlag GmbH
D-30926 Seelze-Velber

Realisation: Friedrich Medien-Gestaltung
Druck: Wittmann & Wäsch GmbH, Hannover. Printed in Germany

ISBN 13: 978-3-7800-4942-1
ISBN 10: 3-7800-4942-2

Wenn ich einen Menschen für sehr begabt halte,
widme ich ihm besondere Aufmerksamkeit,
um sein Potential zu fördern. Wenn er sein
Potential dann voll entfaltet, habe ich das Gefühl,
daß meine ursprüngliche Einschätzung richtig
war, und ich unterstütze ihn weiterhin.
Im Gegensatz dazu siechen die Leute, die ich für
weniger begabt halte, unter meiner Mißachtung
und Unaufmerksamkeit dahin, zeigen wenig
Interesse an der Arbeit und rechtfertigen damit
– in meinen Augen – die geringe Aufmerksamkeit,
die ich ihnen widme.

Peter M. Senge, Die fünfte Disziplin.
Kunst und Praxis der lernenden Organisation

Inhalt

Einführung

Elternpower für ein zukunftsfähiges Bildungssystem

Fünfundzwanzig Jahre aktive Eltern(mit)arbeit in der Schule liegen hinter mir. Das letzte meiner fünf Kinder hat die Schule gerade verlassen. Meine Ankündigung vom vergangenen Jahr, dass ich eine Streitschrift zu verfassen gedenke, in der ich meine Erfahrungen, Erlebnisse, Impressionen und nicht zuletzt Vorstellungen über eine „gute Schule" aufschreiben wolle, stieß auf wenig Begeisterung. Mein Mann quittierte mein Vorhaben damals mit dem Satz: „Du hast noch eine Tochter in der Schule. Meinst du, Du kannst dem Kind das antun?" Nun, diese Bedenken haben sich inzwischen erledigt.

Auch meine Tochter hatte sich, als ich mein Vorhaben ankündigte, wenig erfreut gezeigt. Sie merkte ebenfalls an, es sei besser, die Streitschrift erscheine erst dann, wenn sie die Schule verlassen habe. „Mama, man weiß nie, wer deine Ausführungen in den falschen Hals bekommt und ich habe schon genug unter dir zu leiden gehabt. Ich will schließlich noch mein Abitur an der Schule machen." Das gab mir zu denken. Sie sehen, selbst nach 25 Jahren lässt mich der Konflikt zwischen der Rücksichtnahme auf die eigenen Kindern und dem Wunsch, viele unhaltbare Zustände zumindest zu benennen, nicht los.

In diesem Jahr nun, 2006, hat mein jüngstes Kind das Abitur bestanden und die Streitschrift kann erscheinen. Das Motto der Jahrgangsstufe meiner Tochter ist bezeichnend: „Lifeguards – 13 Jahre über Wasser gehalten." Die jungen Erwachsenen haben sich 13 Jahre über Wasser gehalten; andere gehen unter, ertrinken oder verschwinden in den Tiefen des Schulsystems.

Das eigene Engagement wird zum ständigen Überlebenstraining mit unterschiedlichen Gefahreneinlagen. Einerseits verdirbt man es sich mit den Lehrerinnen und Lehrern oder mit den Miteltern – und im schlimmsten Fall sogar für einige Zeit mit seinen eigenen Kindern. Andererseits brauchen die Kinder die Aufmerksamkeit und Unterstützung der Eltern, um die Schule erfolgreich abzuschließen. In keinem Land der Welt sind Kinder so auf diese Unterstützung angewiesen wie in Deutschland. Wer die Schule in Deutschland ohne das nachhaltige Bemühen seiner Eltern schafft, stellt die wirkliche Bildungsreserve unseres Landes dar.

Kinder unterliegen in Deutschland ab dem sechsten Lebensjahr, in den nächsten Jahren noch früher, der Schulpflicht. Gleichzeitig haben sie kein Anrecht auf Förderung oder gar die Sicherheit, dass die Schule ihre individuellen Potenziale erkennt und fördert. Der Schulzwang bringt Schülerinnen und Schüler sowie deren Eltern in teilweise abstruse Abhängigkeiten und Zwänge, in denen die Macht des Staates eine wichtige Rolle spielt. Schule ist direkt oder indirekt eine staatliche Veranstaltung, die viele Eltern an den Rand der Verzweiflung bringt. Die Schulpflicht ist ein bezeichnendes Symbol für den Zwangscharakter dieser Veranstaltung.

Meine Erfahrungen beziehen sich nicht primär auf die Schulzeit meiner Kinder, sondern resultieren aus vielfältigen Funktionen auf Stadt-, Landes- und Bundesebene als Elternsprecherin. Hunderte von Eltern haben mich in diesen Jahren um Hilfe gebeten. Die Fälle, so unterschiedlich sie auch waren, zeigen große Wesensverwandtschaften, die am Aufbau des Systems Schule und dem Verhalten der Lehrerinnen und Lehrer festzumachen sind. Die Ähnlichkeiten der Fälle sind so frappant, dass ich die Muster nach kurzem Zuhören zuordnen oder wahlweise den Fall weitererzählen kann.

Die immer wiederkehrenden Themen aus Sicht der Eltern sind rasch resümiert: Machtanspruch der Schule, fehlende Professionalität der Schulleitung, mangelnde Transparenz der Notengebung, Verantwortungslosigkeit gegenüber Kindern, mangelnde Förderbereitschaft und fehlende Wahrnehmung von individuellen Lebenslagen. Hinzu kommen Überforderung von Kindern und ebenso von Lehrerinnen und Lehrern, Verschanzen der Lehrkräfte hinter Vorschriften und Vorgesetzten, mangelnde Kooperationsbereitschaft mit Eltern und wenig Aufgeschlossenheit gegenüber Veränderungswünschen. An vielen Orten treffen Eltern zudem auf schlechte Ausstattungen mit Lehr- und Lernmaterialien und auf vergammelte Gebäude. Klassengrößen und Unterrichtsausfall, über die sich die Eltern vehement beschweren, sind oft nur Indikatoren für andere Mängel, die nicht so deutlich greifbar sind.

Seit den Ergebnissen der jüngsten internationalen Studien (TIMSS, PISA, IGLU) steht die Forderung im Raum, Schulen in Deutschland sollen, ja müssen, sich verändern. Über die Notwendigkeit einer Therapie herrscht eine erstaunliche Einmütigkeit in der Kultusministerkonferenz (KMK). Eine Einmütigkeit, die es seit der Gründung der KMK nach dem Zweiten Weltkrieg nicht gegeben hat. Im Kern heißt deren Botschaft: Der Unterricht muss besser werden, die Schulen brauchen mehr Kontrolle.

Die Strukturfrage aber wird bei der Reform des Bildungswesens ausgeklammert, obwohl die OECD nicht müde wird, diese als ein Problem des schlechten Abschneidens der deutschen Schule hervorzuheben. Deutschland benötigt spätestens seit PISA eine fundierte inhaltliche Debatte über ein integratives Schulsystem. Eine solche aber – so die Ansicht der Kultusminister – führe nur in eine Sackgasse. Der Begriff „Einheitsschule" dient in Wahlkämpfen dazu, den politisch Andersdenkenden zu diffamieren. Eine Änderung der Schulstruktur ist in Deutschland zurzeit nicht gewollt.

Die im Jahr 2005 vorgestellten Ländervergleiche zeigen, dass die Maßnahmen der KMK zur Verbesserung der Leistungen Wirkung zeigen. Aber ist man deswegen auf dem richtigen Weg? Wir staunen über die Leistungen der finnischen Schülerinnen und Schüler. Aber wer sich dort umgesehen hat, staunt genauso über offene Klassentüren, den Verzicht auf Noten, die Formulierung von individuellen Lernzielen, die Vielfalt der Begabungen innerhalb einer Klasse, die Zusammensetzung der Lehrerkollegien, das gesellschaftliche Ansehen der Pädagogen, den Umgang der Schülerinnen und Schüler untereinander und mit ihren Lehrerinnen und Lehrern und vieles mehr. Ob all das und noch einiges mehr gar nichts mit den Leistungen und der Lernbereitschaft der Kinder und Jugendlichen zu tun hat?

In Deutschland fehlt es allein schon an Maßnahmen, die eine Integration von sozial benachteiligten Kindern und Jugendlichen ermöglichen und die Förderung von allen Kindern sicherstellen. Unter diesem Aspekt zeigen die deutschen Schulen nach wie vor katastrophale Ergebnisse. Hier sind mit den bisher eingeleiteten Maßnahmen wirklich bedeutsame Veränderungen nicht feststellbar.

Nach wie vor ist das deutsche Bildungssystem so unsozial wie kaum ein anderes der Welt. In keinem vergleichbaren Land dieser Welt ist die alte Klassenstruktur im Bildungssystem so ausgeprägt wie in Deutschland. Dieser Zustand ist aus bürger- und menschenrechtlicher Sicht ein Skandal. In meinem einleitenden Kapitel beschreibe ich, wie sich das deutsche Schulwesen entwickelt hat. Dabei hole ich weit aus. Aber nur wer versteht, welches Gedankengut, welche Gesellschaftsordnung einst das Schulwesen begründet hat, kann nachvollziehen, warum wir uns mit Veränderungen so schwer tun. Bildungspolitikerinnen und -politiker brauchen aus meiner Sicht mehr denn je die Bereitschaft und den Mut zu echten Reformen, zu Reformen, die mehr sind als Kosmetik.

Das jetzige System verhindert nicht nur eine Integration der benachteiligten Schülerinnen und Schüler, sondern ist zudem strukturell so angelegt, dass Eltern der Schule oft nur mit Misstrauen begegnen können. Dieses Missverhältnis zwischen Schule und Elternhaus hat die Politik in Deutschland zu verantworten. Die fatale Vorstellung, man könne Kinder in drei Begabungsstufen klassifizieren und entsprechend ihrer Entwicklung einfach hin und her schieben, führt zu einem permanenten Misstrauensverhältnis weiter Teile der Schüler- und der Elternschaft. Sie führt außerdem zu einer Gegnerschaft zweier Gruppen, die zur Förderung der Kinder eigentlich aufeinander angewiesen wären.

Wir brauchen weit reichende Reformen und nicht nur die Verbesserung des Unterrichts. Wer diese Reformen will, muss die Gesellschaft mitnehmen. Dazu sind Information und ein offener gesellschaftlicher Dialog notwendig, aber auch die Courage, an vertrauten und deshalb lieb gewonnenen Strukturen zu rütteln. Aus meiner Sicht gehört dies zu den Aufgaben von Politikerinnen und Politikern. Bedenkenträger bringen uns – nicht nur in Bildungsfragen – nicht weiter.

Statt eines zukunftsorientierten Dialogs findet in vielen Bundesländern derzeit ein Rollback in die fünfziger Jahre statt. So z. B. in Nordrhein-Westfalen, Hessen, Niedersachsen. Ganz nach dem Motto: Früher war die Welt noch in Ordnung. Mit einer Reanimierung der Hauptschule soll das Rad zurückgedreht werden. Dabei wird übersehen, dass die Rolle der damaligen Volksschule als Mehrheitsschule in weiten Teilen Deutschlands längst das Gymnasium übernommen hat, in jedem Fall aber nicht mehr von der Hauptschule besetzt ist.

Die Ressourcen, die Deutschland dauerhaft zur Verfügung stehen, stecken in den Köpfen seiner Kinder. Es muss also Ziel und Aufgabe einer verantwortlichen Bildungspolitik sein, diese Ressourcen zu fördern und zu aktivieren. Bis hierhin ist sich die Politik einig, über den Weg, die Art und Weise, aber nicht mehr.

Wenn wir uns nicht endgültig aus der internationalen Spitze verabschieden wollen, benötigt Deutschland Elternpower. Andere Länder haben vor dreißig Jahren mit grundlegenden Reformen begonnen und hatten ähnliche Ausgangspositionen. Bei uns hat die Politik dazu bis heute nicht die Kraft gefunden. Daher müssen Eltern die Tagesordnung der Politik mitbestimmen. Dabei kann es nicht nur um Unterrichtsausfall und versäumte Stunden gehen. Das greift viel zu kurz. Es muss um ein zukunftsfähiges Bildungssystem gehen, bei dem Kinder nicht zurückgelassen, sondern gefördert werden. Heterogenität ist dabei kein Hindernis für Bildung und Erziehung, sondern Chance für verbessertes Lernen und individuelle Förderung.

Darum also eine Streitschrift! Das Bildungssystem ändert sich zu langsam. Seit nunmehr dreißig Jahren liegen Erkenntnisse, Forderungen und Folgerungen für Veränderungen auf dem Tisch. Andere Länder, auf die ich an vielen Stellen immer wieder ausführlich verweise und deren schulische Entwicklungen ich beschreibe, sind den Weg, den ich mit vielen anderen für richtig erachte, bereits erfolgreich gegangen. Bei uns in Deutschland sind viele Reformen im ideologischen Richtungsstreit verbrannt worden. Trotzdem sind sie erforderlich. Wer viele Länder der Welt kennt und weiß, dass es in fast keinem Land der Welt eine so fatale Unstimmigkeit zwischen Schule und Elternhaus gibt wie bei uns, der muss an unserem System schier verzweifeln.

Deshalb will ich streiten für eine bessere Bildung, ein besseres Verhältnis von Eltern und Lehrerinnen und Lehrern. Streiten – das heißt letztlich auch polarisieren, emotional sein und nicht immer objektiv bleiben. In diesem Sinne wünsche ich meinen Leserinnen und Lesern eine anregende Lektüre.

Kapitel 1
Die Tradition frisst unsere Kinder

Um zu verstehen, warum sich in Deutschland – anders als in den meisten Nachbarländern und im „Rest" der Welt – die Dreigliedrigkeit des Schulsystems so hartnäckig halten konnte, werfen wir einen Blick auf unsere Geschichte.

Nach der zunehmenden Durchsetzung der Unterrichtspflicht stellte 1787 der preußische Leiter des Generaldepartements für Kirchen- und Schulangelegenheiten, Karl Abraham Freiherr von Zedlitz (1731–1793), fest, dass das bestehende Schulsystem zu unübersichtlich und chaotisch und deshalb vom Staat kaum noch zu kontrollieren sei. Seiner Ansicht nach sollte die Schule die Kinder auf die Tätigkeiten vorbereiten, die sie in ihrem späteren Leben ausüben würden. Da Kinder in einen Stand hineingeboren wurden, den sie auch als Erwachsene repräsentierten, war es nach damaligem Verständnis richtig, sie auf Tätigkeiten vorzubereiten, die ihrem Stand entsprachen.

Die Vorstellung, dass man sich durch Bildung aus seinem Stand befreite oder sich gar über ihn erheben konnte, war von Zedlitz fremd. Folglich schlug er ein gegliedertes Schulwesen vor, das sich an den Aufgaben in der Gesellschaft orientierte: Es sollte eine Bauernschule, eine Bürgerschule und eine Gelehrtenschule geben. Diese drei Schularten standen unverbunden nebeneinander und waren ein Abbild der ständischen Gesellschaft. Es war die Aufgabe von Schule, die gesellschaftliche Ordnung abzubilden und zu reproduzieren. Diese Ordnung ließ keinen Widerspruch zu – sie war sozusagen von Gott gewollt.

Wilhelm von Humboldts Idee ging verloren

Wilhelm von Humboldt (1769–1859) wehrte sich massiv gegen die Bürgerschulen, die Kinder nur auf ihre zukünftige Berufstätigkeit vorbereiten sollten. Von diesen Berufsvorbereitungsanstalten hielt er gar nichts. Als von Humboldt 1809 den Bereich Kultus und Unterricht im preußischen Innenministerium übernahm, wollte er folglich das Schulwesen reformieren. Seiner Meinung nach hatte Bildung einen umfassenderen Auftrag. Sie sollte zu dem hinführen, was wir heute Allgemeinbildung nennen. Das klang damals so:

„Der gesamte Unterricht kennt nur ein und dasselbe Fundament. Denn der gemeinste Tagelöhner und der am feinsten Ausgebildete muss in seinem Gemüt ursprünglich gleichgestimmt werden, damit jener nicht unter der Menschenwürde roh, und dieser nicht unter der Menschenkraft sentimental, chimärisch und verschroben werden soll. (...) Die Organisation der Schulen kümmert sich um keine Kaste und um kein einzelnes Gewerbe." (aus: Wilhelm von Humboldt, „Unmaßgebliche Gedanken über den Plan zur Einrichtung des Litauischen Stadtschulwesens", 1809)

Nach von Humboldts Meinung galt es, einen vollständigen – wir würden sagen: ganzheitlichen – Menschen zu bilden. Er wollte erreichen, dass es einen Elementarunterricht, einen Schulunterricht und einen Universitätsunterricht gab.

Humboldt scheiterte mit seinen Ideen. Bereits nach einem Jahr verzichtete er auf sein Amt. Dennoch: Durch seine Initiativen und Anstöße etablierte sich das humanistische Gymnasium in Preußen. 1812 wurde das Abituredikt eingeführt. Damit wurde das Gymnasium die einzige Schule, die eine Berechtigung zur Universität vergeben durfte. Die Kinder wurden nun wie folgt verteilt: Arbeiter- und Bauernkinder besuchten die Volksschulen, Kinder von Handwerkern und Gewerbetreibenden die Mittelschulen und das Gymnasium war den Kindern des gehobenen Bürgertums und des Adels vorbehalten.

Bis heute hat sich diese Grundstruktur des Schulwesens erhalten. Das sind immerhin bald zweihundert Jahre; eine unvorstellbare Zeitspanne angesichts dessen, was sonst in dieser Zeit alles geschehen ist.

Begabungsbegründung löst ständische Begründung ab

Statt der Struktur hat sich deren Legitimation verändert. Theoretisch ist heute jedem Kind jede Schulform zugänglich. Doch statt einer ständischen Begründung für die Aufteilung der Kinder haben wir nun die Begabungstheorie. Eine Chimäre, denn aus den OECD-Untersuchungen ist deutlich geworden, dass in allen Schulformen alle Begabungs- und Leistungsspektren vorhanden sind, wenn auch mit unterschiedlichen Schwerpunkten. Es gibt hohe Überschneidungen zwischen den Gymnasien und den Realschulen, auch zwischen Realschulen und Hauptschulen, selbst zwischen Gymnasien und Hauptschulen. Lediglich die Förderung fällt an den Schulformen aufgrund der äußeren Bedingungen unterschiedlich aus.

Das Festhalten an den hierarchisch gestuften Schulformen in Deutschland hat etwas mit der Verteilung von Ressourcen und damit mit Chancen zu tun. Mit dem Besuch bestimmter Schulformen erhöhen sich die Lebenschancen für Kinder. Die bürgerlichen Familien legen großen Wert darauf, dass dieses Verteilungssystem für ihre Kinder auch weiterhin Bestand hat, denn sie wähnen sich als Nutznießer dieses Systems.

Gleichzeitig findet über die hierarchische Gliederung und die dadurch an den verschiedenen Schulformen unterschiedlich ausgeprägte Kultur eine Abgrenzung und Stigmatisierung statt. Ein Gymnasiast oder ein Hauptschüler kann alleine aufgrund der Kleidung den jeweils anderen als solchen erkennen und treffend bestimmen, welche Schulform dieser besucht. Eine Zuweisung in den entsprechenden „Stand" ist damit leicht möglich. Kontakte zwischen den jeweiligen Gruppen sind eher selten.

Angesichts der aktuellen Debatten um eine gemeinsame Schule für alle Kinder frage ich die Bewahrer unserer Schulordnung: Wollen wir wirklich unseren alten Kaiser Wilhelm wieder haben? Die heutige bildungstheoretische Argumentation entspringt dem Wunsch von maßgeblichen gesellschaftlichen Kräften unserer Gesellschaft, ein Oben und Unten zu definieren, das der Erhaltung der Ordnungsstruktur der Gesellschaft dient – ganz wie vor zweihundert Jahren.

Heute ist die Begründung nur weniger offensichtlich und damit gefährlicher. Eigentlich müsste unseren Hauptschülerinnen und Hauptschülern klipp und klar gesagt werden, dass sie mit einem Hauptschulabschluss auf dem Arbeitsmarkt und damit in unserer Gesellschaft kaum eine Chance haben. Es ist für sie schon schwierig genug, eine Lehrstelle zu finden. Als ich als Mitglied des Landtags NRW eine Klasse einer Hauptschule zu Gast hatte, haben mir diese Schüler sehr unverblümt gesagt, dass ihnen bewusst ist, dass sie mit einem Hauptschulabschluss nichts anfangen können.

Zu von Humboldts Zeiten gab es einen wirtschaftlichen Bedarf an in der Volksschule gebildeten jungen Menschen. Sie fanden ihren vorbereiteten Platz in der Gesellschaft. Wo ist dieser Platz heute und wie sieht er aus? Diejenigen, die sich für die Beibehaltung des derzeitigen gegliederten Systems aussprechen, realisieren nicht, dass viele der Absolventen der Hauptschule früher oder später auf Transferleistungen des Staates angewiesen sein werden.

Vorschläge der Amerikaner finden keine Resonanz

Der Wiederaufbau des Bildungswesens in der Bundesrepublik knüpfte nach dem Krieg an das System der Weimarer Republik an. Kritiker sprachen bereits damals von einer Restauration des Bildungswesens. Die gemeinsame Grundschule war allerdings nach 1945, anders als in der Weimarer Republik, Konsens. Während sich 1920 vor allem die bürgerlichen Eltern – allen voran die Vertreter/innen der Gymnasien – noch heftig gegen die Absicht gewehrt hatten, alle Kinder gemeinsam in einer Schule beginnen zu lassen, wurde dies nun zur Regel.

Die amerikanische ZOOK-Kommission, eine Gruppe von amerikanischen Bildungsfachleuten, stellte 1946 entsetzt fest, welche Absonderlichkeiten und Ausgrenzungen in Deutschland durch das System der Schule erfolgte. Die Vorschläge der Kommission für ein integratives System fanden jedoch im Aufbau des Bildungssystems keine Resonanz. Die Grundstruktur in der Bundesrepublik blieb. Die Begründung für das ständische Schulwesen veränderte sich nur marginal. Sie wechselte lediglich die „Bezugsgröße". Statt an der bäuerlichen Gesellschaft orientierten sich die Vertreter der Klassengesellschaft nun an der industriellen Gesellschaft.

1955 schreibt der Psychologe Heinrich Weinstock (1889–1960) in seinem Buch „Realer Humanismus": „Dreierlei Menschen braucht die Maschine. Den, der sie bedient und in Gang hält, den, der sie repariert und verbessert, schließlich den, der sie erfindet und konstruiert." Von Humboldt würde sich im Grab herumdrehen, wenn er diese bildungstheoretische Begründung für unser gegliedertes Schulwesen – ausgehend von den Bedingungen für Maschinen! – gelesen hätte.

Nach meiner Überzeugung gilt demgegenüber noch heute, was bereits 1848 Professor Gustav Thaulow (1817–1883), Universität Kiel, in seinem „Plan der Nationalerziehung" als revolutionären Gedanken formulierte: „Die Psychologie lehrt, dass über die Anlagen und Neigungen der Kinder vor dem 12. Lebensjahr nichts Bestimmtes gesagt werden kann. Wer kann also wissen, ob nicht gerade aus den Kindern der Armen bei gleicher Pflege wie bei den Kindern der Wohlhabenden vorzugsweise große Anlagen und Bestimmungen ans Licht treten können."

Deutschland hatte eine Gesamtschule: die Volksschule

Seit mehr als drei Jahrzehnten steht im Mittelpunkt der Bemühungen um ein integratives Schulsystem in Deutschland die Frage, ob Hauptschule, Realschule und Gymnasium durch eine Gesamtschule ersetzt werden sollen. Der Versuch der SPD, die Gesamtschule in NRW als flächendeckende Schulform einzuführen, ist am Willen der Bevölkerung gescheitert. In einigen Ländern existiert die Gesamtschule neben den Schulen des gegliederten Schulsystems. Damit wurde das System viergliedrig. Statt einer Vereinheitlichung entstand eine größere Vielfalt.

Das Volksbegehren in NRW gegen die Kooperative Gesamtschule paralysiert bis heute die Politik und verhindert eine sinnvolle bildungspolitische Diskussion. In einigen Ländern werden seit Ende der neunziger Jahre strukturelle Veränderungen vorgenommen. So hat Rheinland-Pfalz 1992 die Regionalschulen eingeführt, im Saarland gibt es seit 1992 eine Sekundarstufe. Beide Schulformen fassen die Haupt- und die Realschule zusammen. In NRW ermöglicht das neue Schulgesetz seit 2005 so genannte Verbundschulen, die ebenfalls die Zusammenfassung von Schulformen der Sekundarstufe ermöglichen.

Noch bis in die sechziger Jahre haben 80 Prozent eines Jahrgangs in der Bundesrepublik eine Volksschule besucht. Diese eigentliche Gesamtschule ist durch einen gezielten Ausbau des gegliederten Schulwesens in den letzten Jahrzehnten beseitigt worden. Lehrerinnen und Lehrer in den Volksschulen konnten wunderbar mit heterogenen Gruppen umgehen. Nicht zuletzt, weil in den Zwergschulen jahrgangsübergreifend unterrichtet wurde. Warum haben und wollen wir dies alles vergessen?

1964 stellte der deutsche Philologe und Pädagoge Georg Picht (1913 – 1982) die Forderung auf, dass Kinder mehr und bessere Bildung erhalten sollten. Eine richtige Forderung mit fatalen Folgen. Denn ihr ist es zu verdanken, dass ein Andrang auf das Gymnasium einsetzte, der bis heute nicht abgeebbt ist. Man könnte also auch sagen: Die eigentliche Volksschule mit mehr als einem Drittel eines Jahrgangs ist heute in weiten Gebieten das Gymnasium.

In den neuen Bundesländern wurde nach der Wiedervereinigung die „Einheitsschule" von einem gemäßigt gegliederten System abgelöst. Lediglich Mecklenburg-Vorpommern führte Hauptschule, Realschule und Gymnasium ein. Haupt- und Realschule waren dort vorher (seit 1996) zu einer verbundenen Schule zusammengefasst.

Eine Belebung der Schulstrukturdiskussion könnte demnach auch heute noch von den neuen Bundesländern ausgehen. Anders als der Westen haben sie eine fünfzigjährige Tradition eines integrativen Schulsystems und damit keine schlechten Erfahrungen gemacht. Auch im Ländervergleich schneiden die neuen Länder mit ihrem System gut ab.

Die frühe Selektion ist in Deutschland verbunden mit dem Wunsch nach homogenen Lerngruppen und der Hoffnung, damit leistungsfähigere Lerngruppen zu erhalten. Wie wir seit PISA wissen, hat sich das als Illusion erwiesen. Diese Vorstellung ist einfach Unsinn und gehört in die pädagogische Mottenkiste.

Unser Schulsystem widerspricht unserer demokratischen Ordnung

Das heutige Schulsystem in Deutschland führt zu Ausgrenzung, Abgrenzung, zur Verschwendung von Ressourcen und ist in höchstem Maße sozial ungerecht. Es führt bei der Gruppe der Gymnasiasten zu einem Überlegenheitsgefühl und bei anderen Kindern und Jugendlichen zu einem Mangel an Selbstvertrauen. Das deutsche Schulwesen schneidet Kinder von Bildungschancen ab, degradiert, verhindert gemeinsame kulturelle und soziale Erfahrungen und läuft unserer demokratischen Ordnung zuwider. Andere Länder, wie zum Beispiel Finnland und Kanada, führen ihre schulischen Erfolge u. a. darauf zurück, dass ihr System die Chancen und Begabungen der Kinder durch frühe und integrative Förderung ausschöpft und kein Kind zurücklässt. (Mehr dazu lesen Sie in Kapitel 3.)

Ich bin nicht der Meinung, dass sich der Systemstreit überlebt hat. Vielleicht sind die Wege, die wir einschlagen müssen, um grundlegende Änderungen vorzunehmen, andere geworden. Die ehemalige Bundestagspräsidentin Professorin Rita Süssmuth hat in einem Interview von der „individuellen Förderung von Kindern" gesprochen, von dem „längeren gemeinsamen Lernen". Was aber ist dies anderes, als die grundlegende Reform des Schulsystems?

Eine verantwortliche Modernisierung des Schulsystems kann nicht außen vor lassen, dass jährlich Tausende von Kindern und Jugendlichen in Deutschland der Systemfrage geopfert werden. Sitzenbleiber, Schulwechsler, abgeschulte und umgeschulte Schülerinnen und Schüler – sie alle werden nach willkürlichen bildungspolitischen Vorstellungen in ein Schema gepresst, das ihnen nicht gerecht geworden ist. Es führt bei vielen zu echter Not und zu einem Verlust des Vertrauens in die eigene Persönlichkeit.

Es ist schon bizarr, wie beharrlich wir ein 220 Jahre altes Bildungswesen verteidigen. Es hat den Humboldtschen Ideen getrotzt, die Nazis überlebt, die Bildungsstürme der sechziger und siebziger Jahre ohne wesentliche Änderungen überstanden und sich die „Einheitsschule" der DDR einverleibt. Auch PISA und den Mahnungen der OECD scheint es nicht zu gelingen, an den Grundfesten zu rütteln.

Nun mag mancher meinen, dies sei ein Zeichen von Selbstbewusstsein. Das Land der Dichter und Denker lässt sich doch nicht vorschreiben, wie es seine Kinder bilden soll! Doch wahres Selbstbewusstsein – eine Binsenweisheit – zeigt sich in der realistischen Einschätzung eigener Stärken und Schwächen und in der Fähigkeit, ohne Verlust von Selbstachtung Irrtümer zu korrigieren.

Mein Fazit:

Vor diesem geschichtlichen Hintergrund zeigt sich: Wir brauchen nicht nur eine Diskussion über unsere Schulstruktur, wir brauchen eine Verständigung darüber, wie wir uns zu einem modernen Bildungssystem entwickeln können. Es ist die Frage des Übergangs, die wir diskutieren müssen.

Kapitel 2
Schule ist eine Anstalt

Wie dicke Spinnen, die ihre Netze spinnen, überziehen die Landes-
regierungen ihre Schulen mit Gesetzen, Erlassen, Verfügungen. Es
ist eine schier unübersichtliche Zahl, mit der die vorgesetzten Behörden versuchen, das System Schule zu bestimmen. Wie Mehltau
legt sich die Gesetzes- und Erlasslage über die Schulen. Die Auf-
nahmebereitschaft bei den Lehrerinnen und Lehrern ist erschöpft.
Kein Wunder: Wenn jede Woche eine neue Sau durchs Dorf getrie-
ben wird, kann das nur zu Abstumpfung führen.

Gesetze und Erlasse führen längst nicht zu mehr Klarheit über
die Aufgaben und Ziele der Schule. Schon gar nicht führen sie zu
Eigenständigkeit und Eigenverantwortung. Ganz im Gegenteil: Sie
machen und halten abhängig. Die OECD hat in ihren Untersuchungen angemahnt, dass die deutschen Schulen selbstständiger werden müssen und mehr Gestaltungsspielraum erhalten sollen. Wer
jedoch die Entwicklungen nach PISA verfolgt, stellt fest: In den
Bundesländern wird viel von Selbstständigkeit geredet, aber nur
wenig Selbstständigkeit auf den Weg gebracht. Der Grund: Es existiert ein ministerielles Urmisstrauen gegenüber Schulen.

Die Denkschrift von Johannes Rau („Zukunft der Bildung – Schule der Zukunft") betonte bereits vor über zehn Jahren nachdrücklich
und sinngemäß: Wenn die Schule in die Lage versetzt werden soll,
auf die rasanten Veränderungen in Politik, Wirtschaft und Gesellschaft zu reagieren, dann braucht sie neue Strukturen und Organi-
sationsformen. Es passt nicht mehr in unsere Zeit, unterschiedliche
Schulen in ein Organisationsschema zu pressen und die Details von
oben zu bestimmen. Das Ergebnis sind Frust, Bürokratie und ein
Verlust an Effektivität.

Ich glaube an die Selbsterneuerungskräfte von Schulen, wenn
man die Potenziale der Menschen, die dort arbeiten, wirklich frei-
setzt. Dazu müssen die Barrieren in den Köpfen der Menschen aufgehoben werden. Die Rahmenbedingungen wiederum müssen so
gestaltet werden, dass sie den Schulen ermöglichen, diese Barrieren
zu überwinden. Hier sind Politikerinnen und Politiker gefordert.

Schüler, Eltern, Lehrer: Alle fühlen sich gegängelt

Statt zur Selbstständigkeit zu ermutigen und anzuleiten, wird Schule mit Detailregelungen gesteuert. Tausende von Seiten sind in Deutschland mit Gesetzen, Rechtsvorschriften, Erlassen zur Regelung des Bildungssystems beschrieben. Die Vorschriften haben die Dicke der Telefonbücher einer nordamerikanischen Großstadt. Schulpflicht, Schulzwang, Übergangsbedingungen zur weiterführenden Schule, Disziplin, Ordnungsmaßnahmen, Noten, Anzahl der Klassenarbeiten, Versetzung, Nichtversetzung, Abschulung, Förderunterricht, Bestimmungen, unter denen Schülerinnen und Schüler zwischen den Schulformen wechseln können oder müssen – dies ist der Alltag unserer Schulen.

Hinzu kommen die schulformspezifischen Ausbildungsordnungen, Lehrpläne, Versetzungsregelungen, Vorschriften zur Notengebung und Zeugniserteilung, Anerkennung von Bildungsabschlüssen, Gesetze zur Mitwirkung von Eltern, Schülerinnen und Schülern sowie Lehrerinnen und Lehrern.

Klassengrößen, Anzahl der Unterrichtsstunden, Zuweisung der Lehrerstellen – alles, aber auch alles, ist in Deutschland penibel geregelt. Und wenn morgen jemandem im Ministerium einfällt, dass die Bestimmungen für den naturwissenschaftlichen Unterricht geändert werden sollen, dann gibt es eben eine neue Verfügung. Völlig gleichgültig, ob die Schulen auf ganz andere Art und Weise gerade diese Fächer erfolgreich unterrichten. Sechzehnfach zentralistisch wird Schule in Deutschland geregelt. Nicht nur, dass dies ein unnötig teures Unterfangen ist, es ist zudem hochgradig ineffizient, es demotiviert und grenzt teilweise an Willkür.

Die Wahrheit lautet: Schule ist eine Behörde, eine Anstalt, die nach den Regeln einer Behörde geführt wird. So hat sie den Wandel der Zeiten relativ unverändert überstanden. Dass sie es mit Kindern und Jugendlichen zu tun hat – so möchte ich fast zynisch anmerken – ist dabei leider nicht zu vermeiden. Um den Behördencharakter zu unterstreichen, gliedert sich die Schulaufsicht auch noch in unterschiedliche Instanzen, in eine untere und eine obere, die von Seiten der Schule nur unter Einhaltung des Dienstweges angerufen werden darf.

Eltern bilden hier eine Ausnahme. Sie müssen sich an keinen Dienstweg halten. Dennoch wird jede Beschwerde von ihnen auf dem Dienstweg abgewickelt. Denn die vorgesetzte Behörde erkundigt sich über den Fall zunächst bei der ihr unterstellten Behörde, diese wiederum fragt bei der nächsten Stufe nach. Ebenso erfolgt der Bericht an die jeweils mit dem Fall zunächst betraute Behörden-instanz.

Von diesem Denkansatz her kann eine Schule in Deutschland ohne Schulaufsicht gar nicht funktionieren. Es ist jedoch – wieder einmal PISA sei Dank – inzwischen bekannt, dass sich Schulen in erfolgreichen Ländern durch flache Hierarchien auszeichnen. So haben die Finnen die Schulaufsicht abgeschafft und an deren Stelle Unterstützungssysteme eingeführt. Eine Revolution! Nicht Kontrolle, sondern Unterstützung! Für das deutsche System fast undenkbar, wo doch das Wesen einer funktionierenden Behörde aus Vorschriften, Kontrolle und – zumindest was das Fehlverhalten von Schülerinnen und Schülern betrifft – Sanktionen besteht.

Wen wundert es da, dass jene privaten Schulen, die sich aufgrund von starken Schulleiterpersönlichkeiten oder starken Schulträgern dem System weitgehend entziehen, häufig sowohl bessere Ergebnisse beim Schulklima als auch bei den Schülerleistungen erzielen. Zugleich gibt es eine größere Zufriedenheit und Identifikation aller Beteiligten mit ihrer Schule.

Wir brauchen eine verantwortete Freiheit

Schulen als staatliche Anstalten taugen nicht mehr dazu, die neuen Aufgaben zu erfüllen und starke Persönlichkeiten ins Leben zu schicken. In den Mittelpunkt neuer Überlegungen gehören Ansätze zur Weiterentwicklung des Organisationssystems Schule; Impulse zur Fortbildung, zur Supervision gehören dazu. An die Stelle von Anweisungen müssen regelmäßige Feedback-Meldungen der Schülerschaft, der Eltern und Kollegen treten. Ziel ist das selbstbestimmte, reflektierende, professionelle Handeln. Selbst- wie Fremdbeurteilung und individuelle Wahrnehmung sowie Förderung von Kindern und Jugendlichen führen dann zu einem veränderten Bild von Schülern und Eltern. Partnerschaftlicher Umgang miteinander stellt sich auf diesem Weg von selber ein.

Die selbstständige Schule ist auf dem Weg. Nordrhein-Westfalen hat als erstes Bundesland einen entsprechenden Schulversuch gewagt. Andere Länder folgten. Ob sie sich zu einer verantworteten Schule, die im Sinne von Schülerinnen und Schülern arbeitet und handelt, entwickeln wird oder nur neue Formen der staatlichen Bevormundung hervorbringen wird, muss die Zeit zeigen. Formulierungen wie „Schulinspektionen" oder „Schul-TÜV" lassen jedoch nicht nur Gutes erwarten. Sprache ist verräterisch. Wir brauchen keine verordnete, sondern eine verantwortete Freiheit in den Schulen.

Schulen, die diesen Weg einer verantworteten Schule gehen und bei PISA auch im internationalen Vergleich hervorragend abgeschnitten haben, sollen hier beispielhaft genannt sein: Die Laborschule in Bielefeld, die Helene-Lange Schule in Wiesbaden, das Lise-Meitner-Gymnasium in Leverkusen, die Bonn/Beueler Gesamtschule, die Grundschule Kleine Kielsstraße in Dortmund, die Bodenseeschule, die Gesamtschule Kassel, die Jena Schule. Die Liste ließe sich fortsetzen. Alle Beteiligten dort zeichnen sich durch Engagement, Sensibilität und den Willen, eine gute Schule zu gestalten, aus. Sie sind sich einig in ihrer Bereitschaft zur Zusammenarbeit und in ihrer Freude an der Arbeit mit Kindern und Jugendlichen. Die Zufriedenheit mit diesen Schulen ist bei Lehrerinnen und Lehrern, Schülerinnen und Schülern sowie deren Eltern erwiesenermaßen sehr hoch.

Schulen sind Schließbetriebe

8.00 Uhr. Gerade hat die Schulglocke geschellt. Der Start in einen Schulvormittag in einer deutschen Schule gibt dem außen stehenden Betrachter einen treffenden Eindruck von unserer Vorstellung von Schule. Statt vor offenen Türen, die ein Willkommen signalisieren, stehen Kinder und Jugendliche jeden Tag vor geschlossenen Türen. Schülerinnen und Schüler müssen auf dem Schulhof warten, müssen sozusagen Einlass begehren. Dabei wird geschubst und gerangelt. Der Weg zum Klassenraum stellt vor allem für die Jüngsten das erste Überlebenstraining an einem Schulvormittag dar.

Vor dem Klassenraum wird erneut gewartet, bis die Lehrerin oder der Lehrer sich einen Weg zur Klassenraumtür gebahnt hat und diese aufschließt. Zu Beginn der Pause muss die Klasse wieder abgeschlossen werden und alle Schülerinnen und Schüler haben in den meisten Schulen das Gebäude zu verlassen. Nach der Pause warten sie dann erneut vor dem Klassenraum, bis dieser geöffnet wird.

Wie es sich für eine richtige Anstalt gehört, muss zunächst der Schließdienst tätig werden. Die meisten Schulen sind gigantische Schließbetriebe, bei dem die eigentliche Schlüsselgewalt bei der Schulleitung liegt. Die meisten Pädagogen haben nur die Hoheit über die Klassenräume und Fachräume, solange die Schule geöffnet ist.

Lehrerinnen und Lehrer sind Menschen, die in der Regel nach A12 bis A15 bezahlt werden und die jeden Tag Verantwortung für die ihnen anvertrauten Schülerinnen und Schüler übernehmen sollten. Leider reicht diese Verantwortungsfähigkeit nicht aus, ihnen auch noch den Schlüssel für eine Schule zur Verfügung zu stellen. Das sieht die Anstaltsvorschrift nicht vor und mancher Schulleiter nicht ein. Äußere Zeichen von Macht sind für die Schulen in Deutschland nach wir vor wichtige Merkmale. Wer wann wo welchen Raum benutzen oder betreten darf, wer welchen Platz im Lehrerzimmer einnimmt – das sind die kleinen Statussymbole, die eine Schule vergeben kann.

Lehrer und Schüler sind in der Schule ohne Heimat

Schülerinnen und Schüler haben in den meisten deutschen Schulen keine vernünftigen Aufenthaltsmöglichkeiten. Sie befinden sich in einer Anstalt, nicht in einem Lebensraum. Die Klassenraumphilosophie wird zwar hoch bewertet, jedoch nicht wirklich angewandt. Der Klassenraum ist keine Heimat für die Kinder, er ist eine temporäre Lernstation. Ein völlig schizophrenes Konstrukt.

Schülerinnen und Schülern in Deutschland wird grundsätzlich unterstellt, dass sie mit den Räumen einer Schule unverantwortlich umgehen. Klassenräume sind deshalb in der Regel nur zu öffnen, wenn ein Lehrer dort die Aufsicht führen kann. Alleine der Begriff „Aufsicht" macht den Anstaltscharakter der deutschen Schule deutlich.

Verzweifelt versuchen engagierte Klassenlehrerinnen und -lehrer gemeinsam mit Schülerinnen und Schülern und deren Eltern, den Klassenraum wohnlicher zu gestalten. Die Aufenthaltsberechtigung in diesem Raum steigt dadurch aber nicht. Ich weiß, dass es auch in Deutschland Schulen gibt, die diese Mängel erkannt haben und Schule zum Lebensraum für die Menschen, die in ihm arbeiten, umgestalten. Doch auch das sind Ausnahmen.

In anderen Ländern haben Lehrerinnen und Lehrer einen Klassenraum, der zugleich ihr Arbeitsraum ist. Hier können sie sich ihre vorbereitete Umgebung für den Unterricht schaffen und haben zudem einen Arbeitsplatz. An diesem wird gearbeitet, werden Gespräche geführt usw. Die Kinder kommen zum Unterricht in den

Raum des Lehrers, der meistens offen ist. In der Regel werden sie dort entspannt und freundlich begrüßt.

Schülerinnen und Schüler sind in ihren Schulen ebenso heimatlos wie ihre „Vorgesetzten". Aufenthaltsräume fehlen, Mensen fehlen, ebenso ausreichend Tische und Stühle, an denen in den Pausen gearbeitet werden könnte. Auf die Idee, dass Jugendliche sich selbstständig mit Lernen beschäftigen wollen oder können, kommt man in den meisten deutschen Schulen nicht. Bibliotheken stehen ebenfalls nur in wenigen Schulen zur Verfügung und wo sie eingerichtet wurden, sind die Öffnungszeiten aufgrund mangelnder Beaufsichtigung(!) stark eingeschränkt.

Der gesamte Ablauf eines Schultages ist in der Regel davon bestimmt, Schülerinnen und Schüler in bestimmte Räume zu dirigieren und/oder Lehrerinnen und Lehrer in diese Räume zu schicken. Flucht aus diesem ungastlichen Haus ist die Reaktion aller Beteiligten. Ich kenne Lehrer, die nehmen ihren Mantel mit in den Klassenraum, damit sie am Stunden-Ende sofort das Gebäude verlassen können. Und haben Sie schon einmal beobachtet, wie sich nach dem Ende der 6. Stunde an einer normalen, deutschen Halbtagsschule blitzschnell der Lehrerparkplatz leert?

Jede Schule kann gestalten

Wenn die schulische Arbeit zukünftig Erfolg haben soll, dann muss sie ihre Handlungsmöglichkeiten ausschöpfen und sich an den Erfordernissen des jeweiligen Umfeldes orientieren. Schule darf nicht mehr das letzte Glied einer langen „Befehlskette" sein. Der Staat hat lediglich die Rahmenbedingungen zu setzen und die Kernziele zu definieren. Die Ausgestaltung muss der einzelnen Schule obliegen. Dazu benötigt sie Spielraum, Vertrauen in die Leistungsfähigkeit ihrer Menschen und die Möglichkeit, Standortnachteile durch geeignete Maßnahmen ausgleichen zu können. Wenn dies der Schule gelingt, werden auch die Leistungen der Lehrkräfte in Deutschlands Schulen wieder ein höheres Ansehen in der Gesellschaft genießen.

Der Schlüssel zur Weiterentwicklung des Systems Schule liegt nicht in Erlassen und Gesetzen. Er liegt vielmehr bei den 800.000 Lehrerinnen und Lehrern in Deutschland, die eben nicht alle „mit voller Hingabe", wie es das Beamtenrecht vorschreibt, tätig sind, bzw. sein können. Es ist eine naive oder hybride Vorstellung, man könne das System Schule mit zentralistischen, dirigistischen Maßnahmen effizient gestalten. Prozesse im Lehrerkollegium und in einer Schule werden durch gemeinsame Ziele ausgelöst. Oftmals ist in Schulen, die sich gemeinsamer Ziele verpflichtet fühlen, auch die Zusammenarbeit mit den Eltern besser als in anderen.

Der letzte Ländervergleich des deutschen PISA-Konsortiums hat deutlich gemacht, dass die Gestaltungsmöglichkeiten der einzelnen Schulen sehr unterschiedlich wahrgenommen werden. Dort wird anhand verschiedener Anhaltspunkte zwischen belasteten und unbelasteten Schulen unterschieden, diese wiederum werden nach bestimmten Kriterien als aktiv oder passiv bewertet. Oftmals sind es gerade die belasteten Schulen, die aufgrund der Schülerzusammensetzung und der Probleme im Schülerverhalten Handlungsspielräume nutzen („aktive Schulen"), die in anderen Schulen („passive Schulen") einfach nicht gesehen werden. Von den unbelasteten Schulen in Deutschland sind nach der letzten PISA-Untersuchung nur 15 Prozent so genannte „aktive Schulen".

Leider sind aus der Sicht vieler Schulen „die da oben" – die Politik, die Ministerien, die Bezirksregierungen – für die Rahmenbedingungen und damit auch für den Erfolg einer Schule zuständig. Dass Menschen unter gleichen oder ähnlichen Rahmenbedingungen sehr unterschiedliche Ergebnisse erzielen können, ist anscheinend unbekannt. Die Schlüsselrolle dazu hat die Schulleitung

Wer lange Elternvertreterin gewesen ist, kennt die Mechanismen, mit denen an vielen deutschen Schulen Verantwortung abgeschoben wird. Verantwortlich für den Lehrermangel ist das Ministerium oder besser noch die Politik. Verantwortlich für den schlechten Zustand des Gebäudes ist der Schulträger oder es sind die Schülerinnen und Schüler. Verantwortlich für fehlende Disziplin und Lernbereitschaft der Kinder sind die Eltern. Nie ist man eigentlich so richtig selber verantwortlich. Vorhandene Handlungsspielräume werden viel zu wenig genutzt. Lieber jammert man über die schlechten Schüler, die falschen Eltern, die mangelnde Unterstützung, als nach Lösungen zu suchen, die im eigenen Arbeitsverhalten, im Schulklima, in den Möglichkeiten von Kooperationen und Prozesssteuerungen liegen könnten.

Mein Fazit:

Schulen brauchen ein modernes Verständnis ihrer selbst. Die Zeit der Anstalt, wie sie in dem schönen Film „Feuerzangenbowle" noch so traulich daher kam, ist längst vorbei. Feedback-Meldungen, Supervision, Effizienz, Organisationskultur, Corporate Design sowie Öffentlichkeitsarbeit müssen selbstverständlich sein und selbstverantwortlich von den Schulen geleistet werden.

Kapitel 3
Eltern wollen andere Verhältnisse

Seit PISA verzeichnen die Privatschulen in Deutschland einen Anmeldeboom. Obwohl die Zahl der angebotenen Plätze lediglich um knapp zwei Prozent gestiegen ist, wächst die Nachfrage kontinuierlich. Auf einen Platz kommen fünf bis zehn Anmeldungen. Da stellt sich die Frage: Ist dies eine Flucht aus den öffentlichen Schulen? Ich denke: Ja, denn Eltern wollen für ihre Kinder die besten Voraussetzungen für eine gelungene Schullaufbahn und sie erhoffen sich dafür in den privaten Schulen bessere Rahmenbedingungen.

80 Prozent der Privatschulen werden von den großen Konfessionen geführt. Die Eltern wählen diese Schulen in der Regel nicht wegen der intensiven Vermittlung von Glaubensfragen. Sie erhoffen sich vielmehr eine einheitliche Schulphilosophie, verbunden mit einer besseren Qualität von Unterricht, einem ausgeprägten Schulleben sowie einem pädagogischen Ethos bei der Lehrerschaft.

Im Anmeldeverfahren an den Bonner Gymnasien stehen die privaten Schulen ganz oben auf der Wunschliste der Eltern. Bei den Aufnahmegesprächen mit den Schülerinnen und Schülern sowie deren Eltern geht es auch um den familiären Hintergrund und die Bereitschaft der Eltern, das Schulleben zu unterstützen – auch finanziell. Die meisten Eltern, die sich mit ihren Kindern für eine Privatschule entscheiden, kommen aus stärker bildungsorientierten Familien, die sich aufgrund der Vorzüge dieser Schulen bewusst dafür entscheiden. Dies ist in anderen Teilen der Republik nicht anders.

Was machen die Privaten anders?

Die Privatschulen bieten den Eltern, Schülerinnen und Schülern häufig das, was sie an den öffentlichen Schulen vermissen: Selbstbestimmungsmöglichkeiten, von denen die öffentlichen Schulen nur träumen können. Diese Schulen setzen ihre Programme um. Sie fordern deren Umsetzung bei den Lehrerinnen und Lehrern ein. Sie definieren Schulleben als wichtigen und eigenständigen Bereich der Identitätsbildung. Sie fördern individuelle Begabungen durch zusätzliche Angebote und sie schärfen ihr Profil in einer Weise, wie es den meisten öffentlichen Schulen bislang nur begrenzt möglich ist. Das Credo vieler privater Schulen lautet: Die Schülerinnen und

Schüler sollen spüren, dass sie dazugehören, dass sie angenommen sind, dass wir für sie da sind.

Auch die räumlichen Voraussetzungen sind an den privaten Schulen häufig deutlich besser als an den vergleichbaren öffentlichen Schulen. Die Räume sind gepflegt, sauber, verfügen über eine adäquate Ausstattung. Das gesamte Ambiente unterscheidet sich von dem der öffentlichen Schulen. Damit will ich nicht sagen, dass es nicht auch öffentliche Schulen gibt, die mithalten können, aber sie bleiben die Ausnahme. Verantwortungsvolle öffentliche Schulträger haben in den letzen Jahren versucht, diese Defizite durch massive Investitionen in ihre Gebäude auszugleichen. Dennoch können sie den gehobenen Ausstattungsgrad nur schwer erreichen.

Das Verhältnis zwischen Lehrerinnen und Lehrern auf der einen und Schülerinnen und Schülern auf der anderen Seite ist enger und das Verantwortungsbewusstsein bei den Lehrerinnen und Lehrern für die Kinder und Jugendlichen größer. Allerdings darf hier nicht unerwähnt bleiben, dass es Privatschulen mit einer gut sortierten Schülerschaft zu tun haben. Dass es dort weniger Risikoschülerinnen und -schüler gibt als an den öffentlichen Schulen und dass die Quote der Sitzenbleiber oftmals geringer ist, hat natürlich auch etwas mit der frühen Auslese zu tun. Trotzdem fördern die privaten Schulen häufig besser als die öffentlichen.

Was aber vielen privaten Schulen vor allem am Herzen liegt, ist die gute und intensive Zusammenarbeit mit den Eltern. Während öffentliche Schulen dies in der Regel als lästige Pflicht betrachten und nicht so recht wissen, wie und wo sie die Zeit dafür hernehmen sollen, bieten die Privaten vielfältige Anlässe zum Feiern und damit auch Gelegenheit für das eine oder andere Elterngespräch. Diese Vorstellung von Schulleben fördert das „Wir-Gefühl", erhöht die Identifikation der Eltern mit der Schule, sorgt für Gesprächsanlässe und bringt den Eltern die schulischen Ziele und Pläne nahe. Die Teilnahme der Eltern an diesen Anlässen ist ausdrücklich erwünscht.

Flucht ins Ausland kann die Schulkarriere retten

Kinder, die im deutschen Schulsystem scheitern, werden mehr und mehr von ihren Eltern in ausländischen Schulen angemeldet. Die Europäische Union macht es möglich. Wer es sich leisten kann, schickt sein Kind lieber nach England ins Internat als auf die deutsche Hauptschule. Schulkarrieren sehen manchmal so aus, dass Kinder nach dem Besuch des zweiten oder dritten Gymnasiums und der erneuten Androhung, die Schule verlassen zu müssen, ins Ausland gehen und dort ein Internat besuchen. Das Erstaunliche ist: Viele Jugendliche schaffen die Schule im Ausland – ohne Verletzungen der Persönlichkeit und mit dem Wissen, dass sie Leistungen bringen können. Oder anders: Sie gewinnen ihre Lernfreude wieder zurück.

Allerdings berichten die Schülerinnen und Schüler auch von geradezu paradiesischen Zuständen. Sie beschreiben Lehrerinnen und Lehrer, die ihnen helfen, die zu Gesprächen zur Verfügung stehen und die Einzelförderung anbieten und vornehmen. Sie berichten von Lehrerkollegien, die sich gemeinsam überlegen, wie sie Schüler unterstützen können, von Schul-Bibliotheken, die bis abends geöffnet sind, vom Internetzugang für alle Schülerinnen und Schüler. Sie begeistern sich für sportliche, soziale und musische Aktivitäten, die wie selbstverständlich zum Schulalltag dazugehören. Auch von festen Regeln, Grenzen und Erwartungen, die an sie gestellt werden, erzählen sie und von der Erfahrung, etwas leisten zu können.

Die Schul-Philosophie im Ausland unterscheidet sich von unserem, sehr einseitig vor allem auf die Vermittlung von kognitiven Fähigkeiten begrenztem, Ansatz gewaltig. Ganzheitliche Förderung ist dort angesagt: Sport, Musik, Tanz, Werken, Theater, Malen, Gestalterisches Spielen, soziale Aktivitäten und Kochen gehören ebenso dazu wie Sprachen, Mathematik oder Naturwissenschaften. Die deutschen Schulen lassen die Potenziale vieler Schülerinnen und Schüler dagegen schlicht verkümmern.

Die einseitige kognitive Forderung und Förderung an unseren Schulen und die Dominanz der Fächer Deutsch, Fremdsprache, Mathematik und Naturwissenschaften führen dazu, dass viele junge Menschen, die auch von zuhause wenig Anregung erfahren, nie für sich feststellen werden, was sie in welchen Bereichen alles leisten könnten. Etwas überspitzt kann man sogar festhalten: Die deutsche Schule trägt mit ihrem Kanon zu einer Verarmung des Menschen bei. Das Ausland ist uns im Bildungsbegriff um Meilenschritte voraus.

Das Geheimnis heißt Vertrauenskultur

Viele Erfahrungen in den europäischen Nachbarländern zeigen deutlich, dass der ganztägige Besuch einer Schule zu Entspannung und zu einer anderen Rhythmisierung des Schultags führt. Das Zusammenspiel von Unterricht, Fördermaßnahmen, musischen und künstlerischen Angeboten lässt wesentlich mehr Raum für individuelle Erfahrungen und Lernentwicklungen. Das setzt allerdings voraus, dass auch Lehrerinnen und Lehrer den ganzen Tag in der Schule sind.

Zu deren Aufgaben gehört es dort, neben dem Unterricht auch Einzelförderung zu planen und zu erteilen, Gespräche mit den Kollegen, den Schülerinnen und Schülern und anderen Professionen an der Schule zu führen. Im Ausland misst sich der Erfolg eines Lehrers daran, wie viele Schülerinnen und Schüler er erfolgreich durch die Schule begleitet hat, wie gut seine Schülerinnen und Schüler sind. Dabei kann er in der Regel keinen abschieben.

Das wiederum setzt voraus, dass in der Schule zusätzlich zu Lehrerinnen und Lehrern andere Berufsgruppen eingesetzt werden. Gesundheitsfürsorger, Köche, Sozialpädagogen, Psychologen, Werkmeister, Verwaltungskräfte, Reinigungspersonal, Kantinenmitarbeiter – sie alle gehören zum Schulpersonal wie selbstverständlich dazu. Hausbesuche bei den Eltern oder Betriebsbesuche sind übrigens Normalität. Schule ist ein Betrieb, der sich auf die Bedürfnisse von Schülerinnen und Schülern, Eltern sowie Mitarbeiterinnen und Mitarbeiter einstellt. Das schafft Vertrauen. Die Vertrauenskultur ist das Geheimnis der Schulen im Ausland.

Ich kenne deutsche Wissenschaftler, die nicht eher nach Deutschland zurückkehren, bis ihre Kinder die Schule in Amerika, Australien oder Kanada beendet haben. Aber auch deutsche Auslandsschulen sind wohltuend anders als unsere hiesigen Schulen. Die Erfahrungen dieser Schulen finden sich in unserem eigenen System in der Regel nicht wieder.

Ein Zurück in das deutsche System ist für viele Eltern nicht erstrebenswert. Wenn es geht, lassen sie ihre Kinder auch noch im Ausland studieren. Denn auch die Universitäten sind wohltuend anders. Eine Mail meines Sohnes, der derzeit in Melbourne, Australien, studiert, mag dies noch einmal belegen: „Alle sind unglaublich gut drauf hier und es gibt wirklich für jedes Wehwehchen ein eigenes Büro mit mindestens drei Angestellten, die sich um dich kümmern. Hier wird auch auf die Qualität der gelieferten Leistung geachtet. Dies ist ja leider in Deutschland nicht immer der Fall. Da wird eher die Quantität gefördert, um noch ein wenig mehr Geld zu verdienen. Der einzelne Student ist unwichtig. Und von Service haben die in Deutschland noch nie etwas gehört. "

Mein Sohn ist ein halbes Jahr in Kanada zur Schule gegangen. Die Umstellung auf unser Schulsystem fiel ihm schwer. Nach nur wenigen Tagen an seiner alten Schule wäre er lieber heute als morgen zurückgekehrt. Er beklagte sich, dass man als Schüler nicht als eigenständiger Mensch betrachtet würde. Man sei eher ein Objekt, das dazu da sei, eine genau definierte Rolle zu spielen. Man dürfe keine Probleme bereiten und auch sonst keine Erwartungen an das System stellen.

Service als Auftrag der Schule – davon können wir in Deutschland nur träumen. Dies gilt sowohl für die Schülerinnen und Schüler, als auch für die Eltern. Zumeist kommt man sich wie ein Bittsteller vor, wenn man etwas von der Schule will. Dass die Schule sich allen Beteiligten gegenüber zum Service verpflichtet fühlt – das wäre zu schön, um wahr zu sein.

Trotz vieler Reisen: Wir bleiben unbelehrbar

Noch nie ist die deutsche Bevölkerung soviel gereist, wie in den letzten 15 Jahren. Reisegesellschaften erfüllen jeden Traum und die Welt steht uns offen. Andere Länder, andere Sitten. Ja, wir kennen die Welt und wissen trotzdem sehr wenig darüber, wie Bildung in anderen Ländern funktioniert und warum sie dort besser funktioniert.

Die Pizza aus Italien, die Vorspeisen aus der Türkei, die Donuts aus Amerika, den Käse aus Frankreich oder den Whisky aus England – das alles essen und trinken wir, probieren aus und genießen. Nur bei der Bildung tun wir uns schwer, internationale Erkenntnisse zu adaptieren und auf unser System zu übertragen.

Die OECD hat mit den Vergleichsstudien begonnen, bei den Deutschen den Blick dafür zu schärfen, dass auch im Bildungsbereich andere Maßstäbe und Ansätze durchaus erfolgreicher sein können, als unsere eigenen. Viele Eltern würden sich eben diese Maßstäbe und Ansätze, wenn sie wüssten, wie die Schulen im Ausland funktionieren, auch für unser Land wünschen. Die Politikerinnen und Politiker kennen diese Schulen zum Teil und zeigen sich dennoch unbelehrbar.

So zitiere ich hier auszugsweise aus einer Pressemitteilung einer Partei des Landtags Nordrhein-Westfalen (2006): *„Die neue Landesregierung wird die Schulen innerhalb der bestehenden Strukturen reformieren und das dreigliederige Schulsystem konsequent erhalten … Die Qualität des Bildungssystems kann nur durch strikte Gliederung und Profilierung verbessert werden, nicht durch einen … Einheitsbrei. Dies ist die Philosophie unserer neuen Schulpolitik und die Basis des neuen Schulgesetzes."*

Ich wiederhole: „Die Qualität des Bildungssystems kann nur durch strikte Gliederung und Profilierung verbessert werden." Das muss man sich – nach allem, was wir inzwischen über die Bildungssysteme um uns herum wissen – einmal vorstellen! Diese Ignoranz gegenüber anderen pädagogischen Konzepten, die auch noch erwiesenermaßen erfolgreicher arbeiten, ist es, die dazu geführt hat, dass Mädchen und Jungen mit all ihrem kreativen Potenzial in unseren Schulen regelrecht versauern.

Im Folgenden beschreibe ich zwei Systeme, die nach OECD-Untersuchungen erfolgreicher arbeiten als wir und die sich in Deutschland mehr und mehr Eltern auch für ihre Kinder wünschen.

Kanada:
Handwerk und Kunst sind keine Nebensache

Kanada war nach PISA 2001 völlig unaufgeregt. Fast niemand hat von der ersten PISA-Untersuchung überhaupt Kenntnis genommen. Warum auch? Die Kanadier waren einfach gut, international auf Platz drei gelandet. Wen kümmert da die OECD? Auch bei der letzten PISA-Runde waren die kanadischen Schülerinnen und Schüler wieder ganz oben mit dabei. Und das, obwohl Kanada ein klassisches Einwanderungsland ist und ganz ähnliche Probleme mit Migrationsfamilien hat wie Deutschland. Was machen die Kanadier also anders als wir? Warum sind die kanadischen Schulen erfolgreicher?

Drei meiner Kinder haben in der Oberstufe jeweils für ein halbes Jahr eine kanadische Schule besucht. Das Charakteristikum aller drei Schulen, die in völlig unterschiedlichen Regionen Kanadas liegen (Manitoba, Ontario, Nova Scotia): Schülerinnen und Schüler sind dort sehr wichtig, sie werden gefördert, individuell wahrgenommen und die Lehrerinnen und Lehrer betrachten sich als Unterstützer und Begleiter ihrer Schüler.

Im Januar 2005 war ich wieder einmal in Kanada und habe die Pine Ridge Secondary High School, Durham, besucht. Wie so häufig war ich von dem offenen und menschenfreundlichen Klima begeistert. Die Kinder und Jugendlichen empfinden Lehrerinnen und Lehrer zum überwiegenden Teil als ihre Freunde. Dabei ist das eingeforderte Niveau hoch, Selbstständigkeit wird vorausgesetzt. Es besteht für die Schülerinnen und Schüler eine hohe Wahlfreiheit innerhalb eines vorgeschriebenen Fächerkanons. Die Schulen sind Ganztagschulen, deren Ausstattung in allen Landesteilen nur wenig zu wünschen übrig lässt. Jede Schule hat eine Bibliothek, ein Research-Centre, also ausreichende Computerzugänge, fantastische Sportangebote, Theater, Video- und Filmräume, Tanzangebote, Orchester, Chor, Kunst, Literatur, Küchen, Werkstätten, usw. Die Kanadier sind stolz auf ihr vielfältiges Angebot in den Schulen und glauben, dass die hohen handwerklichen und künstlerischen Fertigkeiten ihrer Bevölkerung und das Interesse an Kunst und Theater eine Folge ihrer Schulausbildung sind.

Kanada ist ein föderativer Staat und in dieser Hinsicht mit unserer deutschen Struktur durchaus vergleichbar. Es besteht aus zehn Provinzen und drei Territorien, die alle ihre Richtlinien und Lehrpläne selbst festlegen. Jede Provinz hat ein Bildungsministerium. Diese übertragen den kommunalen Schulaufsichtsbehörden die Schulverwaltung, Personaleinstellung und die Lehrplanfestlegung für den Grundschul- und Sekundarbereich. Es gibt öffentliche, konfessionelle und private Schulen. Alle erhalten Finanzzuweisungen durch den Staat. Die Schulen sind Gesamtschulen, die als Ganztagsschulen geführt werden. Die Schule beginnt in der Regel um 9.00 Uhr und endet um 15.30 Uhr.

Sitzenbleiben gibt es nicht

Eine kanadische Schulleiterin, an deren Schule auch Deutsche – ausgewanderte Lehrerinnen und Lehrer – unterrichten, beschreibt den Unterschied zwischen den Pädagogen wie folgt: „Ein deutscher Lehrer bereitet seine Stunde genau und exakt vor. Diese Stunde hält er auch tatsächlich, gleichgültig, was in der Klasse passiert, ob es einem Schüler schlecht geht, welche Reaktionen er von den Schülern erhält etc. Ein kanadischer Lehrer bereitet die Stunde nicht so exakt vor. Er kennt das Lernziel, bespricht es mit den Kindern und kann dann auf sie eingehen, sie fördern und Hilfestellung geben."

Das Bildungssystem in Kanada gliedert sich in der Regel wie folgt:

Schule	Dauer
Grundschule	6–8 Jahre
Junior High School	3 Jahre
Senior High School	3 Jahre

Von der 7. bis zur 9. Klasse besuchen die Kanadier die Junior High School oder Middle School, die der deutschen Mittelstufe entspricht. Die Senior High School umfasst die Klassen 10 bis 12 und ist das Gegenstück zur deutschen Oberstufe

In der High School werden die Jugendlichen nach Leistung und Interessen unterschieden und entsprechenden „Tracks", Zweigen, zugeordnet. Es gibt meistens zwei Zweige, von denen einer zum Studium an einer kanadischen Universität führt und ein anderer zum Besuch eines community college, einer technischen Fachschule, oder direkt ins Berufsleben. Die Schüler haben in der High School die Wahl zwischen einem akademischen, technischen oder handwerklich ausgerichteten Ausbildungsgang. In den meisten Provinzen wird der High School-Abschluss dann verliehen, wenn ein Schüler die erforderliche Anzahl an credits – das sind die Punkte, die für den Besuch von Kursen vergeben werden – gesammelt hat. Neben dem normalen Unterricht sieht das kanadische System Förderunterricht und einige Wahlprogramme vor. „Sitzenbleiben" gibt es nicht. Auch leistungsschwache Mädchen und Jungen werden versetzt und zusätzlich gefördert. Zur Evaluation der Schulen dienen Provinz-Tests, die regelmäßig geschrieben werden und deren Ergebnisse in die Schulen zurückgespiegelt werden.

Finnland:
Nachhilfeinstitute sind unnötig

Die Basis finnischer Bildungspolitik ist das Grundrecht jedes Einzelnen auf Bildung und die zu gewährleistende Chancengleichheit in der Bildung. Jeder rechtmäßig in Finnland lebende Mensch – nicht nur der finnische Staatsbürger – hat ein Recht auf kostenlose

„Grundbildung", was die Schulpflicht bis Ende Klasse 9 einschließt. Dies gilt unabhängig vom Alter, vom Wohnort, von der finanziellen Situation, vom Geschlecht oder der Muttersprache.

Bildung soll, so das finnische Verständnis, zur aktiven und verantwortungsvollen Teilhabe an der Gesellschaft in allen Bereichen führen. Bildung soll jedem Einzelnen helfen, die notwendigen Kenntnisse, Fähigkeiten und Fertigkeiten für ein erfolgreiches Berufsleben entsprechend seiner Voraussetzungen zu erwerben. Bildung soll dazu beitragen, persönliche Neigungen, Interessen und Talente für eine möglichst vielseitige und ausgewogene Persönlichkeit zu entwickeln.

Kinder mit erheblichen Lernschwierigkeiten haben eine Schulpflicht von elf Jahren. Sie werden in der Regel schon mit fünf Jahren eingeschult, um ihnen eine frühzeitige intensive Förderung und das Abschließen der Schulpflicht mit ihren Altersgenossen zu ermöglichen. Die weiterführende Schulbildung (Oberstufenschulen und Hochschulen bzw. Berufsfachschulen) steht allen offen, ist grundsätzlich kostenlos oder berechtigt zu staatlicher Unterstützung. Alle Lehr- und Lernmittel sowie Unterrichtsmaterial (Bleistifte, Hefte, Geodreieck und Taschenrechner ...) sind kostenlos.

Es gibt in Finnland nur ganz wenige Privatschulen (z. B. Rudolf-Steiner-Schulen). Sie dürfen zwar Schulgeld erheben, dieses muss aber vom Ministerium genehmigt werden. Die Höchstgrenze liegt bei etwa 400 Euro pro Schuljahr. Internate wurden bewusst abgeschafft. Auch Nachhilfeinstitute gibt es in Finnland nicht. Eine solche Idee widerspricht dem Bildungsauftrag der Schulen, die Bedürfnisse jedes Einzelnen zu berücksichtigen und ihn mit entsprechenden Fördermaßnahmen zu unterstützen.

Rainer Domisch, Mitarbeiter des Opetushallitus, der finnischen Schulbehörde, fasst die grundlegenden und aktuellen Bildungsziele Finnlands zusammen: „Wir sind ein kleines Volk, und in der immer komplexer werdenden Informations- und Wissensgesellschaft können wir es uns nicht leisten, auch nur einen Einzigen in der Bildung durchs Netz fallen zu lassen. Wir müssen jeden soweit mitnehmen, wie es nur irgendwie geht und ihm dazu die Hilfen geben, die er braucht."

Finnische Kinder lesen und rechnen früh

1974 haben die Finnen das dreigliedrige Schulsystem abgeschafft und die von Klasse 1 bis 9 reichende Gesamtschule eingeführt, an die sich das dreijährige Gymnasium oder die ebenfalls dreijährige Berufsschule anschließen. Das Gesamtschulsystem, so wie es in Finnland praktiziert wird, ist der Garant für den hohen Bildungsstand der Finnen.

Die Schulträgerschaft liegt bei der Kommune. Diese ist zuständig für Schulbau, Instandhaltungen, sächliche Ausstattung sowie für die Bezahlung des pädagogischen und des nichtpädagogischen Personals. Ebenso obliegt der Kommune die Einstellung des Schulleiters. Der Schulleiter seinerseits ist in Absprache mit der Kommune hauptverantwortlich für die Einstellung der Lehrer. Es gibt in Finnland keine Schulaufsicht mehr. Diese Ebene wurde abgeschafft. Jede Schule erhält einen Bericht über den Jahreserfolg im Vergleich zu den zuvor festgesetzten Zielen. Hieraus werden die in gemeinsamer Verantwortung entwickelten Maßnahmen zur Verbesserung abgeleitet.

Der Vorschulbereich beginnt mit Kindertagesstätten ab dem ersten Lebensjahr. In der Regel sind die Kindertagesstätten wohnortnah, hervorragend ausgestattet und personell sehr gut besetzt (auf 20 Kinder kommen drei reguläre Fachkräfte). Sie ermöglichen es beiden Elternteilen, ganztägig in ihren Berufen zu arbeiten. Allerdings kann man dies nicht unbedingt mit unseren Arbeitszeitverhältnissen vergleichen: In Finnland wird bereits ab einer Zahl von 30 Wochenstunden von einer Ganztagsstelle gesprochen.

In die Kindertagesstätte ist meistens auch die Vorschule integriert, die sich etwa über vier Stunden erstreckt. Hier wird schon sehr eng mit der Schule zusammengearbeitet. Der Besuch der Vorschule ist freiwillig, trotzdem kommen 98 % der Kinder dorthin. Die Kinder werden spielerisch gefördert. 50 % der Kinder lernen bereits in der Vorschule Lesen und können sich im Zahlenraum von 1 bis 20 bewegen. Wörter sind überall in der Tagesstätte zu lesen. So entdeckte ich bei einem Besuch zum Beispiel, dass unter der Türklinke das Wort „Klinke" befestigt war. Auch die Stifte, der Tisch – überall wird Sprache visualisiert. Selbstverständlich können die Kinder den ganzen Tag in der Kindertagesstätte verbringen.

Die Lehrpläne geben lediglich Bereiche vor, z. B. soziales Verhalten, Fantasie, Mathematik, Kreativität, Motorik, kognitive Fähigkeiten etc. Der Fachunterricht beginnt erst in der Grundschule.

Die Bedeutung der vorschulischen Erziehung wird in Finnland als wichtig für den weiteren Bildungsverlauf bewertet. Verhaltensauffällige Kinder werden bereits in der Vorschule gezielt therapiert.

Schulen entwickeln ihre eigenen, lokalen Lehrpläne

Das Kultusministerium und die nachgeordnete Zentralbehörde für Unterrichtswesen legen die Rahmenlehrpläne (oder Kerncurricula) sowie die Stundentafeln für alle Fächer, Wahl- und Pflichtkurse auf allen Schulstufen fest. Dies ist der vorgegebene Rahmen, der die Organisationsgrundlage für die einzelne Schule darstellt. Ansonsten haben die Schulen recht freie Gestaltungsmöglichkeiten. Sie entwickeln den lokalen Lehrplan. In diesem lokalen Lehrplan spiegeln sich die Profilschwerpunkte und die schulspezifischen Unterrichtsangebote wider (z. B. in den Fremdsprachen, bestimmte Projektklassen im Schulversuch, spezifische Förderangebote, Angebote im Wahlbereich zum Teil in Kooperation mit anderen Institutionen wie der Volkshochschule).

Das Klassenprinzip wird in der Mittelstufe „gelockert" und führt in der Oberstufe zu einem reinen Kurssystem. (Ein Kurssystem kann jedoch auch – wenn Schule und Kommune dies beschließen – ab der ersten Klasse eingeführt werden.) Ab der siebten Klasse ergänzen Wahlfächer den obligatorischen Fächerkanon. Es gibt „Stammgruppen", die sich einmal in der Woche mit dem Klassenlehrer treffen, um organisatorische und klasseninterne Angelegenheiten zu besprechen. Ab Klasse 7 greift auch die kontinuierliche, verpflichtende Beratung und Begleitung durch den Beratungslehrer – mindestens einmal im Monat.

Das Schuljahr ist ab der Mittelstufe in fünf oder sechs Perioden eingeteilt, die sich durch ihre inhaltliche Schwerpunktsetzung voneinander unterscheiden. Für jede Periode wird ein neuer Stundenplan erarbeitet, der sich auf bestimmte Fächerangebote konzentriert.

Die Oberstufenschülerinnen und -schüler „managen" ihr Kursprogramm pro Periode und Schuljahr in Eigenverantwortung und in Abstimmung mit Lehrern und Beratungslehrern selbst. Das Abitur kann von ihnen nach zwei, drei oder vier Jahren abgelegt werden. Prüfungen können wiederholt werden, um die Noten zu verbessern.

Das Kursangebot von Gesamtschulen und Lukios (Oberstufenschulen) zeigt insgesamt einen ausgeprägten Schwerpunkt bei den Sprachen. Ein Schüler kann bis zu fünf Sprachen lernen, drei sind üblich. Der Sprachunterricht ist aus sprachdidaktischen Gründen hochinteressant. Es steht der kommunikative Ansatz, also Sprechen und Verstehen, im Vordergrund. Schreiben, Grammatik, Literaturunterricht folgen erst an zweiter Stelle. In höheren Klassen (8, 9) fällt die bereits vorhandene Sprechkompetenz der Schüler auf. Englisch scheint überhaupt kein Problem zu sein. Die Finnen sind stolz darauf, dass Filme nicht synchronisiert werden. Der Ansatz, alle Schüler sehr früh mit mindestens ein bis zwei Fremdsprachen zu konfrontieren, ist beeindruckend.

In Mathematik und den Fremdsprachen sind jeweils vier Kurse obligatorisch. Kurse können auch an Berufsfachschulen und Volkshochschulen (besonders Musik, Kunst, Handarbeit) belegt und für das Abitur anerkannt werden. Eine enge Zusammenarbeit der VHS und der Schule findet vor Ort statt.

Sonderförderung gehört in jede Schule

In Finnland gibt es nahezu keine Sonderschulen (wenige Ausnahmen gibt es für Gehörlose oder geistig Behinderte). Schülerinnen und Schüler mit Lernschwierigkeiten, Teilleistungsstörungen (z.B. Dysphasien, LRS etc.) oder Verhaltensauffälligkeiten werden in den normalen Schulen gefördert. Die betroffenen Schülerinnen und Schüler erleben die Sonderbetreuung in der Regel als sehr positiv und als besondere Zuwendung. Teilweise werden Schülerinnen und Schüler mit Defiziten oder Verhaltensauffälligkeiten in einzelnen Fächern zu Sonderklassen zusammengefasst und von Lehrern mit Spezialausbildung unterrichtet.

Alle ausländischen Schülerinnen und Schüler erhalten wöchentlich zwei Stunden Unterricht in ihrer Muttersprache. Untersuchungen in Finnland haben ergeben, dass die Zielsprache leichter gelernt werden kann, wenn die Kinder ihre Muttersprache beherrschen. Sie verfügen damit über Vorteile bei der Begriffsbildung, die ihnen beim Erlernen der Zielsprache (Finnisch) zu Gute kommen. In Finnisch erhalten sie verstärkten Unterricht.

Individuelle Stundenpläne ermöglichen
ein individuelles Lerntempo

Die gymnasialen Oberstufen (Lukio) können sich ihre Schülerinnen und Schüler aufgrund spezieller Eingangsprüfungen selbst aussuchen. Etwa 55 % aller finnischen Schüler besuchen die gymnasialen Oberstufenschulen nach der neunten Klasse. Die Oberstufenschulen bilden eigenständige Profilschwerpunkte. Im zentral gestellten, schriftlichen Abitur müssen die Schülerinnen und Schüler Prüfungen in der Muttersprache und Literatur sowie in der ersten und zweiten Fremdsprache und in einem Realienfach (Mathematik, Naturwissenschaften, Geschichte, Erdkunde, Religion) ablegen. Alle Schüler bekommen alle Aufgaben, sie müssen sich erst in der Prüfung nach Sichtung der Aufgaben für ein Realienfach entscheiden (dies wird allerdings gerade ebenso wie die verpflichtende zweite Fremdsprache reformiert). Um zum Abitur zugelassen zu werden, benötigt man den Nachweis von 75 Kursen aus Pflicht- und Wahlfächern. Individuell zugeschnittene Studienpläne ermöglichen den Schülern ein individuelles Lerntempo und eigene Schwerpunkte bis zum Abitur.

Übrigens: Zurzeit sind 500 Bildungsfachleute aus China in Finnland. Sie studieren die Oberstufenschulen, um dieses System in China bis 2007 an 17.000 Standorten einzuführen.

Schulinterne Prüfungen werden an den Schulen in allen Fächern am Ende einer Periode in einer landesweiten, einheitlichen Prüfungswoche durchgeführt. In dieser Woche findet sonst kein Unterricht statt. In den Klassen 1 bis 4 oder auch 5 werden in der Regel verbale Beurteilungen vergeben, später dann reguläre Noten erteilt. Ein Kurs muss in der Regel wiederholt werden, wenn nur die Note 4 erreicht wurde. Sitzen bleiben im Sinne der Wiederholung eines ganzen Schuljahres gibt es in Finnland nicht.

Für alle Altersstufen existieren Computerräume, die es ganzen Klassen ermöglichen, am PC zu arbeiten. Von dieser Gelegenheit wird bereits in den ersten Jahrgangsstufen Gebrauch gemacht. Ich konnte einmal eine untere Klasse bei einem sehr spielerischen Training zur Erhöhung der Lesegeschwindigkeit beobachten. An den Decken auf den Fluren sind Monitore installiert, in denen stets aktuell wichtige Informationen bekannt gemacht werden. Auf den meist breiten Fluren und in Aufenthaltsbereichen stehen großzügige Sitz- und Aufenthaltsgelegenheiten, gepolsterte Bänke und Sessel sind normal.

Jede Schule besitzt eine Schulküche mit angrenzender Kantine. Die Schülerinnen und Schüler erhalten dort täglich kostenlos ein warmes Mittagessen. Die meisten Kinder und Jugendlichen, auch die der höheren Stufen, nehmen das Angebot an.

Verschiedene Berufsfelder treffen aufeinander

In Finnland gibt es keinen Unterrichtsausfall. Krankheiten und die zahlreichen sich auf Fortbildung befindlichen Lehrerinnen und Lehrer werden durch eingekaufte Vertretungen ersetzt. Jede Schule hat eine Liste mit potenziellen Vertretungslehrerinnen und -lehrern, meist solche, die nicht fest im Schuldienst sind, nicht voll berufstätige Mütter oder Studenten. Diese werden stundenweise bezahlt. Dazu steht der Schule ein Budget zur Verfügung. Da das Vertretungspersonal meist in mehreren Schulen gleichzeitig zum Einsatz kommt, führt dies in vielen Fällen zu einer durchaus soliden Dauerbeschäftigung.

In finnischen Schulen begegnet man einem breiten Spektrum an Berufsbildern. Neben den Schulleitungen, Lehrerinnen und Lehrern gibt es an jeder Schule einen Sonderpädagogen und einen Gesundheitsfürsorger. Neben den regulären Klassenlehrern gehören zu einem finnischen Kollegium sehr häufig Stundenlehrer und Schulassistenten.

Stundenlehrer haben keine Planstelle an einer Schule, sondern sind oft an mehreren Schulen eingesetzt und werden nur für die Stunden bezahlt, die sie auch tatsächlich halten. Bei engem Budget sind diese Stundenlehrer eine kostengünstige Möglichkeit für die Schulleitung, die Stundenkontingente abzudecken. Stundenlehrer gibt es in allen Fächerbereichen, besonders häufig jedoch im Sprach- und Religionsunterricht für Migrantenkinder. Stundenlehrer sind häufig auch Frauen mit einer Lehrerausbildung, die wegen einer Kinderpause nicht den vollen Umfang des für ihre Ausbildung/ihre Fächer vorgesehenen Minimaldeputats leisten können oder wollen. Die meisten Stundenlehrer haben eine pädagogische Ausbildung; sie ist aber nicht immer Voraussetzung.

Darüber hinaus verfügen die Schulen über Schulassistenten. Eine Schule mit ca. 400 Schülern hat vier bis fünf Schulassistenten. Sie haben zumeist eine Ausbildung in Sozialpädagogik durchlaufen, aber kein Lehramtsstudium absolviert. Sie können von den Lehrern für die Mithilfe in ihrem Unterricht angefordert werden. Der Einsatz von Schulassistenten macht innerhalb des Unterrichts eine Binnendifferenzierung möglich. Sie widmen sich in den Klassen intensiv schwächeren oder verhaltensauffälligen Schülerinnen und Schülern, leisten individuelle Hilfestellung beim Arbeiten, führen verhaltenstherapeutische Maßnahmen durch und unterstützen den Klassen- oder Fachlehrer bei Disziplinschwierigkeiten.

An allen Schulen gibt es einen hauptamtlichen Beratungslehrer (counsellor), der nach einem regulären Lehramtsstudium und oft einigen Jahren Praxis eine eineinhalbjährige Zusatzausbildung absolviert hat. Er hat ein eigenes Büro an der Schule, in dem ihn alle Schüler mindestens einmal im Monat aufsuchen müssen. Der Beratungslehrer stimmt mit jedem Schüler seinen individuellen Lehrplan mit Pflicht- und Wahlkursen von Periode zu Periode im Schuljahr ab und leistet dabei intensive Lernberatung. Der Beratungslehrer ist auch ein wichtiges Mitglied im Team zur Diagnose von Lernproblemen und zur Festlegung geeigneter Fördermaßnahmen. Er berät zudem ausländische Gastschüler bei der Kurswahl. Da die Zusammenstellung der individuellen Kursmenüs der Schüler zu den zentralen Aufgaben des Beratungslehrers gehört, ist er in die Stundenplanarbeit der Schule einbezogen.

Neben den pädagogischen Kräften haben finnische Schulen noch eine ganze Reihe weiterer Mitarbeiterinnen und Mitarbeiter, deren Dienste von der Kommune oder über die Kommune eingekauft werden. Jede Schule verfügt über eine Schulschwester und ein Krankenzimmer. Kranke Kinder oder Kinder, die sich aus seelischen Gründen nicht wohl fühlen, werden von der Schulschwester im Krankenzimmer behandelt und können dort notfalls ganztags betreut werden. Die Schulschwestern oder Gesundheitsfürsorger sind oft die „guten Geister" der Schulen und für sehr viele Kinder die wichtigsten Ansprechpartner bei Lebensproblemen. Schulschwestern leisten auch eine medizinische Grundversorgung, die bei vielen Schülern aus sozial schwachen Familien sonst unterbliebe.

Schulleiterinnen und Schulleiter durchlaufen eine recht harte zweijährige Zusatzausbildung mit Fortbildungstagen und Studienwochen in den Ferien, in denen Management, Finanzen, Mitarbeiterführung, Recht und Schulentwicklung eine große Rolle spielen. Von Schulleitungen wird ständige und intensive Weiterbildung in Eigeninitiative gefordert. Überhaupt werden Finnlands Schulen sehr nach unternehmerischen Prinzipien geführt. Das Deputat von Lehrern ist abhängig von der Schulart und den Fächern, die sie unterrichten. So umfasst das Pflichtdeputat eines Geschichtslehrers 21 Stunden, eines Deutschlehrers 18, eines Muttersprachenlehrers 17 Stunden. Grundschullehrer (Klassen 1–6, die sog. „Klassenlehrer", die nahezu alle Fächer in ihren Klassen unterrichten) geben 24 Stunden, Sportlehrer 23 Stunden.

Selbstbeurteilung und Selbstorganisation sind Schlüsselworte

Lehrerinnen und Lehrer haben in Finnland ein sehr hohes Ansehen. Von den Eltern werden sie geachtet und in ihrer Professionalität respektiert. Reklamationen und Interventionen seitens der Eltern sind äußerst selten. Es gibt ein tiefes Vertrauensverhältnis zwischen den Schulen und den Eltern. Auch das Verhältnis der Schülerinnen und Schüler zu ihren Lehrerinnen und Lehrern macht einen entspannten, von gegenseitiger Achtung geprägten, Eindruck.

Die Beratung des einzelnen Schülers sowohl während der Schullaufbahn, als auch am Ende ist ebenso wichtig, wie ein guter Unterricht und eine ausreichende Individualisierung. Wo gehe ich hin? Wie setze ich meinen Ausbildungsweg fort? Welche Universität wähle ich? Da, wo unsere Schüler in den öffentlichen Schulen weitgehend alleine gelassen werden, hilft ein gutes Unterstützungssystem bei der Planung der Zukunft. Die Schule hat dafür einen Lehrer eingestellt, der mit den Universitäten Kontakt aufnimmt, Bewerbungen der Schülerinnen und Schüler betreut, die richtige Fachrichtung und Universität mit aussucht.

Bei meinen Besuchen hat mich das hohe Engagement der finnischen Lehrerinnen und Lehrer beeindruckt. Sie nehmen ihren Beruf mit hohem zeitlichem Aufwand und mit viel Kreativität wahr. Teamarbeit ist die Regel. Generell stehen die Türen der finnischen Klassen offen – auch während des Unterrichts.

Als ich in Helsinki in einer gymnasialen Oberstufe eine Berliner Schülerin traf, die dort die Jahrgangsstufe 11 absolvierte, war ich über ihre guten Finnischkenntnisse erstaunt. Nein, sie habe in Deutschland nicht Finnisch gelernt, sondern erst in Helsinki, erzählte sie. Ob die Sprache denn kein Problem gewesen sei, wollte ich wissen. Nein, die Sprache wäre eigentlich kein Problem gewesen. Was ihr zu schaffen gemacht hätte, wäre die Form von Selbstorganisation gewesen, die man von ihr erwartet hätte; Selbstverantwortung, Eigenständigkeit und Selbstbeurteilung bei der Gestaltung ihres Lernens. Dieses habe sie in Deutschland nicht gelernt. Alles, aber auch alles, wäre in Deutschland eigentlich vorgeschrieben.

Die finnische Philosophie von Schule spiegelt sich in folgenden Leitsätzen wider:

▶ Kinder stärken, sie in der Selbsteinschätzung unterstützen.
▶ Lehrer sind für Kinder da, nicht Kinder für Lehrer.
▶ Wissen, welches Problem ein Kind hat, nicht welches Problem ein Kind macht.
▶ Beurteilen, was Kinder können, nicht was sie nicht können.

Mein Fazit:

Wenn Kinder sich gut gefördert, beraten und angenommen fühlen, arbeiten sie ernsthaft und fordern sich etwas ab. Dazu gehört mehr als guter Unterricht. Mit Blick auf meine Erfahrungen in den beschriebenen Ländern plädiere ich dafür, andere Berufsfelder in die Arbeit der Schule zu integrieren; nicht als Ausnahme, sondern als festen Bestandteil eines Schulteams. Die Aufgaben von Lehrerinnen und Lehrern gehen dabei über das Erteilen von Unterricht hinaus. Kinder müssen an ihre Leistungsmöglichkeiten herangeführt werden.

Kapitel 4
Beruhigungspille Elternabend

Das Thema Zusammenarbeit von Schule und Elternhaus fehlt in keiner Festrede. Doch die Beschwörung der Elternarbeit ist leider nicht mehr als ein Lippenbekenntnis. Gemeinsame inhaltliche Arbeit, intensiver Dialog, gegenseitige Wertschätzung beobachte ich nur selten, dabei ist die Zusammenarbeit mit den Eltern aus meiner Sicht ein Schlüssel für den Bildungserfolg von Kindern.

Zu oft wird das Verhältnis zwischen Schule und Elternhaus unter dem typisch deutschen Blickwinkel der gegenseitigen Schuldzuweisung diskutiert. Die Schule betrachtet die Eltern als Zulieferer von unerzogenen Kindern und wehrt sich dagegen, selber der „Reparaturbetrieb" der Nation zu sein. Die Eltern wiederum sehen die Schule als weltfremde und isolierte Institution, die sich um das einzelne Kind nicht angemessen bemüht.

Lehrerausbildung sieht Elternarbeit nicht vor

Das wechselseitige Unbehagen zwischen Eltern und Lehrerinnen und Lehrern hat ihre Ursache in der fehlenden Vorbereitung der Lehrerinnen und Lehrer auf diese Seite ihres Berufes: Die Zusammenarbeit mit den Eltern gehört nicht zum Ausbildungskanon der Lehrerausbildung.

Immer wieder habe ich in Bewerbungsgesprächen von Lehrerinnen oder Lehrern die Frage gestellt: „Wie wollen sie die Zusammenarbeit mit den Eltern gestalten? Haben sie Vorstellungen?" In fast allen Gesprächen: Fehlanzeige. Ja, man hatte schon mal etwas vom Elternabend gehört. Und Elternsprechtage? Ja, die wolle man auch abhalten. („Was denn auch sonst!", kann ich da nur sagen.) Aber individuelle Zusammenarbeit mit Eltern, sogar auf ihr Kind bezogen – wozu soll das denn gut sein? Es gibt doch Zeugnisse! Und wenn Eltern etwas wissen wollen, dann können sie ja fragen. Elternansprache, Förderpläne, Zielvereinbarungen – das sind Ungetüme aus einer anderen Welt. Schule ist nicht darauf vorbereitet, Eltern als Partner zu verstehen. Aber ohne die entsprechende Unterstützung durch die Schule haben Eltern keine Chance auf eine wirkliche Partnerschaft.

Stattdessen klagen die Schulen, dass Eltern immer häufiger Gerichte anrufen, statt das Gespräch mit der Schule zu suchen. Warum ist dies wohl so?, frage ich. So lange Schulen sich nicht der Förderung von Kindern verschreiben, sondern der Selektion, solange wird sich dieses Verhältnis nicht ändern. Die Gerichte in Deutschland wurden in der Vergangenheit viel zu wenig angerufen. Denn in keinem öffentlich zu verantworteten Bereich existiert soviel Rechtsunsicherheit wie im öffentlichen Schulwesen. Rechtssicherheit gibt es aber erst durch Urteile. Die fehlen in Deutschland.

Der lebendige Austausch fehlt

Dabei hat Elternarbeit an Deutschlands Schulen eine lange Tradition. Aber: Sie ist rechtlich genau geregelt, wie alle anderen Bereiche der Schule auch. Und über das Befolgen der rechtlichen Regelungen ist in Vergessenheit geraten, die Lebendigkeit des Austausches zu pflegen – auch und gerade abseits formalisierter Veranstaltungen.

Sehen wir uns einmal an, wie der gesetzliche Rahmen für Elternarbeit aussieht. Die Regelungen sind selbstverständlich von Bundesland zu Bundesland unterschiedlich. Wozu wären sonst die vielen Kultusbürokratien und Parlamente nutze? Aber im Wesentlichen kann man sicher folgende Regelungen feststellen:

▸ Zwei Elternsprechtage pro Schuljahr haben stattzufinden.
▸ Pro Halbjahr muss eine Elternversammlung einberufen werden.

Vorgeschrieben sind dabei:
▸ die Einladungsfristen,
▸ die Protokollführung,
▸ die Versammlungsleitung,
▸ wer einlädt,
▸ die Fristen, in denen Widerspruch gegen Beschlüsse oder Protokolle eingelegt werden kann,
▸ wer an welcher Sitzung teilnehmen darf,
▸ welches Gremium über welche Punkte befindet oder bestimmen kann.

Viel zu wenig geregelt ist eine systematische Zusammenarbeit mit den Eltern im Hinblick auf ihr Kind.

Eigentlich sind Eltern an dieser formalen Form der Zusammenarbeit wenig interessiert. Sie wollen Einblick in die Entwicklung und Förderung ihres Kindes nehmen. Sie wollen wissen, wie die Lehrerinnen und Lehrer ihre Kinder unterstützen und fördern, wie gut oder schlecht die Klassengemeinschaft ist, wie das Kind in der Klasse integriert ist. Sie wollen wissen, ob das Kind die Unterrichtsziele erreicht, ob es sich am Unterricht beteiligt, wo Defizite liegen und wo sie selber helfend begleiten können.

Eltern interessiert auch, welche Bücher Kinder lesen sollten, wie Freizeitgestaltung zu organisieren ist, um Kinder zusätzlich zu fördern. Eltern wollen aber auch über Stärken informiert werden, über die Begabungen ihres Kindes sprechen. Sie wollen wissen, was die Schule tut, um ihre Kinder dort weiter zu fördern.

Die Eltern, die dies alles nicht wissen wollen, mit denen muss die Schule erst recht darüber sprechen und ihnen Wege aufzeigen, wie sie ihr Kind begleiten können, wie die Schule fördern kann, welche zusätzlichen Hilfen erforderlich sind, wo möglicherweise eine Therapiestunde notwendig ist und warum.

Lehrer sind Profis, Eltern auch

Die Schule steht heute einer Elternschaft gegenüber, die vielfach mittlere oder höhere Bildungsabschlüsse aufweist. Diese Elternschaft ist interessiert und kann der Diskussion um Schule und deren Entwicklung durchaus folgen. Sie ist durch die Schulleistungsuntersuchungen hochgradig sensibilisiert und will die eigenen Kinder für das Leben gut vorbereitet wissen. Diese Elternschaft ist auch bereit, für ihre Kinder in einem erheblichen Umfang in Bildung zu investieren. Was sich nicht zuletzt an dem riesigen Markt der Nachhilfe festmachen lässt. Aber auch andere Angebote werden stark genutzt: Frühförderung, Sprachförderung, Musikförderung, Sportangebote usw.

Im Gegensatz zu den normalen, öffentlichen Schulen haben diese Institutionen längst verstanden, dass Eltern Beratung, Austausch und Entscheidungshilfen brauchen. Sie wollen die Rückkopplung zu den Leistungen, zu den Förderplänen, zum Verhalten, zur Entwicklung ihres Kindes. Die kontinuierliche Rückmeldung seitens der Pädagogen in den Schulen ist zu spärlich und zu wenig professionell angelegt. Lehrer sind Profis im Bereich Lehren und Lernen, davon können die Eltern profitieren. Eltern sind Profis für ihre Kinder, davon können die Lehrer profitieren. Beide zusammen könnten sich wunderbar ergänzen und wären ein gutes Team.

Grundschulen nehmen sich der Eltern an

Die Grundschule weist hier die besten Ergebnisse auf. Dementsprechend hoch ist die Zufriedenheit der Eltern mit der Schule. Die Berichtszeugnisse geben häufig Anlass, miteinander ins Gespräch zu kommen und Lernbereitschaft, Stärken und Schwächen, Sozialverhalten und die Arbeitshaltung der Kinder zu besprechen. Eltern nehmen diese Form des Austausches gern an. Erst recht, wenn sich Lehrer für dieses Gespräch Zeit nehmen.

In einer Dortmunder Grundschule im sozialen Brennpunkt ist die Elternarbeit der Schlüssel für den Schulerfolg der Kinder. Rund 30 Prozent der Kinder gehen hier auf das Gymnasium. Für diesen Stadtteil eine enorme Quote. Die Eltern sind überwiegend ausländischer Herkunft. Die Deutschen, die hier leben, kommen aus schwierigen sozialen Verhältnissen.

Bereits mit dem Tag der Anmeldung der Kinder an der Grundschule beginnt die Elternarbeit. Eltern werden eingeladen, sich die Arbeit in der Schule anzusehen. Offene Klassentüren machen dies leicht. Zu den Elternabenden wird ab der Anmeldung in regelmäßigen Abständen eingeladen. Es wird über Erwartungen an die Eltern gesprochen, über den Umgang mit Problemen, über die Möglichkeiten der Eltern, in der Schule mitzuhelfen, sich im Elterncafé fortzubilden. Ansprechpartner vom Sozialamt, dem Gesundheitsamt, der Familienberatung stehen in der Schule regelmäßig zur Verfügung.

Mit den ausländischen Eltern wird besprochen, was die Kinder lernen. Bücher werden vorgestellt; es wird erklärt, wie die Kinder lernen und wie das Schulsystem funktioniert. Vom ersten Tag an gehören die Eltern mit zur Schule. Die Räume und Flure stehen offen, im Elterncafé gibt es immer einen Kaffee oder Tee und man ist stets willkommen.

Ausländische Eltern helfen in der Pausenaufsicht, in der Küche, am Nachmittag.

Regelmäßig finden Elterngespräche statt. Probleme werden rechtzeitig besprochen, Schwächen analysiert; auch den Eltern wird geholfen, wenn sie Probleme haben. An dieser Schule wissen die Eltern: Die Schule will für unsere Kinder das Beste. Selbst wenn die Kinder die Schule bereits verlassen haben, ist die Schule noch Anlaufpunkt im sozialen Viertel. Hier wird nicht nach Formalien und Zuständigkeiten gefragt, hier werden die Menschen angesprochen, mitgenommen, eingebunden.

Eltern langweilen sich auf Elternabenden

Viele Eltern erleben Elternabende als höchst monotone Veranstaltungen. Sie sind in der Tat häufig Pflichtveranstaltungen, zu denen man hingeht, weil es sich so gehört und die Schule es erwartet. Die Erwartungshaltung der Schule spielt in der bürgerlichen Schicht eine große Rolle.

In vielen Grundschulen und Gymnasien sind die Elternabende noch relativ gut besucht. Schulen in städtischen Randlagen mit vielen Kindern aus sozial benachteiligten Elternhäusern tun sich dagegen schwer, Eltern zu Besuchen der Standardveranstaltung zu motivieren. Dort besuchen oft nicht einmal 30 Prozent der Eltern den Elternabend. In städtischen Hauptschulen ist es manchmal gar nicht möglich, Elternvertreter zu wählen, weil nicht genügend Eltern anwesend sind.

Der erste Elternabend im Schuljahr, an dem die Wahlen stattfinden, ist oft ganz besonders langwierig. Man sitzt auf zu kleinen Stühlen und Bänken der Kinder, mit angezogenen Beinen und gekrümmten Rücken und hofft auf das baldige Ende der Veranstaltung. Die Klassenlehrerin hat sich Mühe gegeben, sie will einen guten Eindruck machen. Sie hat Namenkarten vorbereitet, sie auf die Tische der Kinder gestellt. Die Tagesordnung wurde der Einladung beigefügt und rechtzeitig verschickt. Sie umfasst die Standard-Tagesordnungspunkte für einen Elternabend. Diese sind:

▸ Begrüßung (Kennenlernen),
▸ Wünsche und Fragen der Eltern,
▸ Informationen der Schule,
▸ Wahlen,
▸ Verschiedenes.

So läuft ein Elternabend ab

Häufig lernen sich Klassenlehrerin und die Eltern der Kinder an diesem ersten Abend erst kennen. An den weiterführenden Schulen kommen manche Fachlehrer noch kurz auf einige Minuten in die Versammlung, um sich vorzustellen oder einen Zettel mit den Lerninhalten ihres Faches hereinzureichen. Manchmal geht es zu wie in einem Taubenschlag. Ein rechtes Gespräch will nicht aufkommen. Die Eltern kommen nicht „aus der Deckung". Keiner will unangenehm auffallen.

Was im Verlauf eines ersten Abends von den Eltern an Wünschen formuliert wird, sieht dann häufig folgendermaßen aus:

- Gemeinsame Ausflüge und Klassenaktivitäten.
- Rechtzeitige Nachricht an die Eltern bei Unterrichtsausfall.
- Die Gründung eines Elternstammtisches.
- Regeln für die Hausaufgaben absprechen.
- Der Wunsch nach Telefonnummern der Lehrerinnen und Lehrer wird vorgetragen, dem aber mit Hinweis auf mögliche belästigende Anrufe viel zu häufig nicht entsprochen wird.

Dann wollen Eltern – hier am Beispiel einer Grundschule – wissen,

- wie sie ihr Kind zu Hause unterstützen können,
- welche Anforderungen die Schule an das Kind stellt,
- was in Lesen, Schreiben, Rechnen, Fremdsprache durchgenommen wird,
- wann welche Seite im Buch dran ist,
- wann die Kinder bestimmte Prozesse, z.B. Schreibenlernen, abgeschlossen haben müssen,
- wie schwer der Ranzen sein darf,
- welche Kleidung für den Sportunterricht benötigt wird,
- wann Schwimmen stattfindet,
- was mit Kindern passiert, die sich schlecht konzentrieren können oder zappelig sind,
- wie die Frühstückspause aussieht,
- ob die Kinder genug zu trinken bekommen.

Typische Lehrerinformationen sehen dann so aus:
Lehrerin oder Lehrer stellt telegrammstilartig vor, was die Kinder im Schuljahr lernen sollen. Welches Ziel am Ende erreicht werden soll, ist häufig schon nebulös. Es wird über die Bücher gesprochen, die als Lektüre angeschafft werden sollen und darüber, welche Regeln für die Hausaufgaben gelten. Und ganz wichtig: Die Eltern sollen mit ihren Kindern in den Schulbüchern nicht vorarbeiten.

Dann werden grundsätzliche organisatorische Dinge geklärt:

- wann die Schule beginnt,
- wann der Sportunterricht stattfindet,
- welche Kleidungsstücke die Kinder für den Sportunterricht benötigen,
- wann Schwimmen stattfindet und wie die Haare im Winter trocken werden,

- wie und wann die Kinder zur Schule gebracht werden sollen,
- wo nicht geparkt werden darf,
- was passiert, wenn ein Kind krank wird,
- welche Bücher in diesem Schuljahr gelesen werden,
- dass und in welcher Höhe die Schule Kopiergeld einsammelt
- und dass man doch bitte Mitglied im Förderverein werden solle.

Nun steht auf der Tagesordnung: Wahlen. Eigentlich würden jetzt viele Eltern gern nach Hause gehen. Die Köpfe der Eltern senken sich. Es werden Techniken angewandt, wie man sie sich in langer Schulzeit erworben hat. Wegsehen, in der Tasche kramen ... Die Rituale sind bekannt. Man will nicht angesprochen werden, will nicht schon wieder ein lästiges Amt mit nach Hause bringen.

Dann kommt der Satz der Klassenlehrerin oder des Klassenlehrers, der die Bereitschaft zur Wahl steigern soll: „Es ist doch gar nicht soviel Arbeit." Spätestens jetzt sollten Sie hellhörig werden. Denn dieser Satz stimmt einfach nicht. So manches Elternteil hat sich durch die Wahl in die Elternvertretung sehr viel Ärger und Arbeit eingehandelt, ohne jedoch eine vernünftige Hilfestellung durch die Schule zu bekommen.

Es wäre richtiger und wichtig, die Aufgaben der Elternvertretung zu beschreiben und gleichzeitig auf Hilfen hinzuweisen, damit die Position sinnvoll ausgefüllt wird. Einige Schulen fangen gerade damit an, Elternvertreter fortzubilden, weil sie sich ihrer wichtigen Funktion bewusst werden. Es gibt Kurzinformationen, die den zukünftigen Elternvertretern ausgehändigt werden können, damit diese wissen, worauf sie sich einlassen und welche Aufgaben mit diesem Amt verbunden sind.

Beim Tagesordnungspunkt Verschiedenes ist es in der Regel das Anliegen der Eltern, die Versammlung möglichst schnell aufzulösen. Die Beruhigungspille Elternabend hat gewirkt! Nur ganz Unersättliche werden den Kontakt zur Schule in der nächsten Zeit erneut suchen. Einige belagern die Klassenlehrerin und den Klassenlehrer noch, weil sie ein Problem haben, über das sie in der Versammlung nicht sprechen wollten. Mit zunehmendem Alter der Kinder gehen immer weniger Eltern zu Elternabenden. Die Rituale sind bekannt, die Informationen nicht neu und eigentlich ist der Elternabend verschwendete Zeit.

Persönliche Ansprache motiviert zur Teilnahme

Bildungsprivilegierte Kinder haben in Deutschland eine Lobby, die den Gleichaltrigen aus Risikofamilien fehlt. Das setzt sich bis in die Spitzen der Elternvertretungen fort, auf die ich an anderer Stelle noch eingehen werde. Es muss deshalb Aufgabe von Elternvertretungen sein, sich auch für diese Kinder und Eltern einzusetzen und deren Interessen mit zu vertreten. Sie müssen die anderen Eltern über die Entscheidungen und Vorhaben der Gremien der Schule informieren. Elternvertreter tagen und wirken mit. Im besten Fall motivieren sie auch andere Eltern, sich für die Schule zu engagieren.

Elternabende attraktiv zu gestalten, ist ein schwieriges Kapitel. Dies wird durch die Art der Durchführung des Elternabends und durch die Kontakte, die in einer Klasse entstehen, mitbestimmt. Wie stark man als Elternvertreter oder -vertreterin den Miteltern deutlich macht, dass einem am Kommen der einzelnen Eltern wirklich etwas liegt, beeinflusst die Präsenz ebenfalls. Ein Anruf vor oder nach dem Elternabend – also eine persönliche Ansprache – wirkt hier oft Wunder. Auch Miteltern wollen integriert werden.

Mit dem Elternabend ist die Zusammenarbeit der Schule mit den Eltern schon fast erschöpft. Kontaktmöglichkeiten bestehen noch am Elternsprechtag, aber bitte nicht zu lange. Zehn Minuten werden in weiterführenden Schulen in der Regel als Zeitraum eingeräumt. Wer Probleme hat, soll diese in den dafür vorgesehenen Sprechzeiten diskutieren. Sprechzeiten der Lehrer/innen sind in der Regel am Vormittag während der Springstunden. Zu diesem Zeitpunkt sind berufstätige Eltern besonders gut abkömmlich ...

Die Arbeitszeit von Lehrerinnen und Lehrern in Deutschland ist nicht so definiert, dass der Zusammenarbeit mit Eltern ein eigener zeitlicher Raum gegeben würde. Elternarbeit ist eher ein lästiges Anhängsel, welches im Laufe des Schuljahres einige Male vorkommen muss. So kann die Zusammenarbeit aber nicht gelingen. Kooperation mit Eltern ist zeitintensiv, aber keine verschwendete Zeit. Wenn Schulpolitik diese Zusammenarbeit wünscht und wertschätzt, muss sie ihr Raum, Zeit und Möglichkeiten geben. Bisher fehlen dazu wesentliche Ansätze. Die Lehrerarbeitszeit muss einen fest definierten Teil „ Zusammenarbeit mit Eltern" erhalten.

Mein Fazit:

Zusammenarbeit mit Eltern als originäre Aufgabe von Lehrerinnen und Lehrern würde eine Revolution in den Schulen bedeuten. Es hätte Auswirkungen auf die Ausbildung, auf die Bedeutung, die dieser Arbeit beigemessen wird und auf die Zeiteinteilung von Lehrerinnen und Lehrern. Solange Elternarbeit vom persönlichen Engagement der Eltern und von der individuellen Aufgeschlossenheit mancher Lehrerinnen und Lehrer abhängt, bleibt sie mehr oder weniger Zufall. Wir brauchen ein professionelles Verständnis der Zusammenarbeit, wie es sich in anderen Ländern entwickelt hat.

Kapitel 5
Lehrer haben zu viel Macht

In diesem Kapitel werde ich vor allem durch einige Beispiele zeigen, was es für Eltern und Kinder bedeutet, wenn Lehrerinnen und Lehrer ihre Macht ohne Rücksicht auf die Betroffenen ausspielen.

Eltern und Kinder wissen: Wenn sie erst einmal im Fokus des „Abschusses" stehen, haben sie kaum Möglichkeiten, diesem zu entgehen. Unlängst rief mich eine Mutter aus Rheinland-Pfalz völlig verzweifelt an. Die Eltern hatten mit dem Englischlehrer der Tochter mehrfach versucht zu sprechen, um seine Notengebung nachvollziehen zu können. Zum Hintergrund:

Marlene* wuchs muttersprachlich Englisch auf. Sowohl in der Aussprache als auch in der Anwendung von Vokabeln kam es immer wieder zu Meinungsverschiedenheiten zwischen dem Lehrer und ihr, bei denen sie regelmäßig den Kürzeren zog. Etwa, wenn in einer Klassenarbeit Begriffe als falsch angestrichen wurden, obwohl sie richtig waren, allerdings nicht zu den Vokabeln gehörten, die in der Lektion verwendet wurden. Schließlich überraschte Marlene die Eltern mit der Ankündigung, sie würde in Englisch wohl eine Fünf auf dem Zeugnis bekommen. Da auch die Mathematiknote nicht besonders rühmlich war, bestand die Gefahr der Nichtversetzung in die Klasse 9.

Gespräche mit dem Englischlehrer waren wenig hilfreich, wie die Eltern mehrfach erfahren hatten. Sie gipfelten teilweise darin, dass der Lehrer dem englischsprachigen Vater vorwarf, er würde eine „Junk-Sprache" verwenden. Auch entsprechende Gespräche im Beisein des Schulleiters führten zu keiner Einigung.

Als Rettung bot sich ein vorgeschobener Umzug an, der mit einem Schulwechsel verbunden war. Und siehe da, bis zum Schuljahresende hatten sich die Missverständnisse in Englisch erledigt und Marlene wurde mit einer respektablen Note in die Klasse 9 versetzt.

Nach meiner Erfahrung sind es immer die Eltern mit ihrem Kind, die die Schule wechseln müssen …

Das Verhältnis von Eltern und Schule wird von oben nach unten bestimmt. Es dominiert die Abhängigkeit der Eltern vom Schulsystem und von ihren Akteuren. Die Rahmenvorgaben der Länder sorgen dafür, dass diese Abhängigkeit durch rechtliche Regelungen

---

* Alle Namen von Personen in den Beispielen wurden geändert, die Umstände verfremdet.

und Interventionsmöglichkeiten der Schule untermauert wird. Wer sein Kind erfolgreich durch die Schule bringen will, muss sich anpassen. Aufbegehren ist gefährlich; die Kinder könnten es ausbaden müssen. Man resigniert und akzeptiert mehr oder weniger, was die Schule einem abverlangt bzw. versucht, sich mit den vorgegebenen Strukturen zu arrangieren.

Je erfolgreicher die Kinder das Schulsystem durchlaufen, umso eher akzeptieren deren Eltern die Strukturen. Kinder aber, die sich im System Schule nicht in der üblichen Form bewähren, werden zu Opfern des Systems. Von denen hat die deutsche Schule genügend aufzuweisen: Allein jeder dritte Schüler in Deutschland kommt nur mit bezahlter Nachhilfe durch die Schule! Nicht eingerechnet die Schülerinnen, die von ihren Eltern permanent unterstützt werden. Die, die sitzenbleiben, seien hier vorerst nicht erwähnt.

Ein Armutszeugnis für jede Lehrerin, jeden Lehrer! Man stelle sich nur einmal vor, jede dritte Fahrschülerin bzw. jeder dritte Fahrschüler in Deutschland würde durch die Fahrprüfung fallen! Den Fahrlehrern stünde eine Fortbildung nach der nächsten ins Haus, Supervisoren würden sich beim Unterricht hinten in den Wagen setzen und alle Fahrlehrer müssten eine pädagogische Zusatzprüfung absolvieren. Nicht so an unseren Schulen.

Da wundert es nicht, dass die Zufriedenheit der Eltern mit „ihrer" Schule mit der Dauer des Schulbesuchs der Kinder deutlich abnimmt. Ist die Zufriedenheit anfangs noch recht hoch, sind die Eltern ab Klasse sechs aufwärts zunehmend unzufrieden mit dem System. Eltern nehmen wahr, dass ihre Kinder nicht gefördert werden und die Schule sie allzu schnell als Schulversager aufgibt. Mehr als 50 Prozent der Eltern sind mit dem Klima an ihrer Schule unzufrieden. Ebenfalls mehr als die Hälfte der Eltern vermissen Hilfe und Unterstützung bei der Lösung von Schulproblemen. Elternumfragen von Infas (Institut für angewandte Sozialwissenschaft, Bonn) und dem Schulentwicklungsinstitut in Dortmund belegen dies.

Wie oft habe ich von Eltern vorgetragen bekommen, dass Lehrer unverblümt behaupten, ihr Kind gehöre nicht auf diese Schulform. „Ihr Kind macht niemals Abitur." Oder: „Wer so blöd ist wie du, sollte die Schule besser wechseln." Dies ist eine Form des Umgangs, die nicht ermunternd und motivierend ist, die andersherum weder Schüler noch Eltern pflegen sollten. Sie belastet das Lernklima und ist von einer fördernden Pädagogik so weit entfernt wie ein Säugling von seiner Promotion.

Im Chemieunterricht hatte der Kurs einen jungen, dynamischen, leider pädagogisch nicht besonders begabten Lehrer. Dessen wichtigstes Motivationsmittel war die Beleidigung von Schülerinnen und Schülern. Er selber hatte mit einer wissenschaftlichen Karriere begonnen und diese aus nicht bekannten Gründen aufgegeben. Sein Ehrgeiz war es nun nicht, den Schülern Chemie zu vermitteln. Vielmehr wollte er seine eigenen Fähigkeiten und Kenntnisse demonstrieren.

Gern verteilte er zudem die Note Sechs, was für Schülerinnen und Schüler der Oberstufe zu einem Aus führen kann. Regelmäßig beschwerten sich Eltern sowohl über seinen Unterrichtsstil, als auch über seinen Umgang mit den jungen Erwachsenen und über seine Notengebung. Erst als der aufmerksame Schulleiter diesen forschen Junglehrer darauf hinwies, dass sein Unterricht wohl sehr schlecht sein müsste, wenn er eine Sechs als Note vergeben würde, da diese ja bedeute, dass die Schüler gar nichts lernten, erst da kam er ein wenig zur Besinnung.

Prüfungs- und Leistungsaspekte stehen im Vordergrund

Lehrerinnen und Lehrer sind stolz auf Schülerinnen und Schüler mit guten Ergebnissen und guten Noten. Kausal stellen sie einen Zusammenhang mit ihrem Unterricht her. Im umgekehrten Fall wird dieser kausale Zusammenhang leider häufig geleugnet. Ich denke: Wenn die Leistungen eines guten Schülers bzw. einer guten Schülerin Produkt des Unterrichts sind, dann gilt auch, dass schlechte Leistung ebenfalls Produkt eines entsprechenden Unterrichts ist.

Das Lehrer-Schüler-Verhältnis ist permanent dadurch definiert, dass Schülerinnen und Schüler etwas gut machen müssen. Schüler werden von den Lehrern klassifiziert. Sie sind dumm, faul, stellen die falschen Fragen, sind nicht vorbereitet, haben nichts gelernt, stören den Unterricht, sind unerzogen, unsozial usw. Für Kinder ist eine Umgebung mit einer solchen Erwartungshaltung eine ständige Belastung. Eltern sollten dies nicht unterschätzen. Die eigentliche Machtposition der Lehrpersonen aber begründet sich in der ständigen Möglichkeit der Überprüfung von Leistung und der Bloßstellung von Kindern und Jugendlichen vor der Klasse.

Aus Bayern ist mir bekannt, dass Lehrer morgens die Klasse betreten, ihr Notenbuch herausziehen und beginnen, ein Kind nach dem anderen zu überprüfen. Wer nichts weiß oder zu wenig weiß, wird mit der entsprechenden Note bedacht. Wer immer gut ist, wird zum Streber der Klasse. Gelernt wird für den Augenblick, für die Überprüfung. Angst ist das Gepäck vieler Schülerinnen und Schüler, das sie am Vormittag zu tragen haben. Dabei hat Professor Dr. Franz E. Weinert (1930–2001), ein führender deutscher Lernpsychologe, darauf hingewiesen, dass erfolgreiches Lernen Zeiten und Räume benötigt, in denen nicht beurteilt und überprüft wird.

In der Straßenbahn von der Nürnberger Bildungsmesse zum Flughafen saß mir ein Vater mit seinem ca. zehnjährigen Sohn gegenüber. Die Familie war einige Jahre im Silicon Valley gewesen. Dort war Kevin sehr gerne in die Schule gegangen, er war einer der besten Schüler, blieb freiwillig länger und hatte sich für zusätzliche Kurse angemeldet. Wieder in Deutschland überraschte die Grundschule in Nürnberg die Familie alsbald mit der Nachricht, dass für Kevin aufgrund der Leistungen im Deutschen der Besuch des Gymnasiums nicht möglich sei.

Der Vater erzählte mir: „Meine Frau und ich hatten in dem einen Jahr, in dem der Junge in Bayern in die Schule ging, ohnehin beobachten müssen, wie sich unser munterer und aufgeschlossener Junge in ein fast verstörtes Kind verwandelt hatte. Wenn das Thema Schule angesprochen wurde, senkte er den Kopf. Er hatte keine Lust, in die Schule zu gehen, erzählte uns von Beleidigungen und Verletzungen, denen wir erst nicht so recht glauben wollten. Schließlich hatten wir in Amerika völlig andere Erfahrungen gemacht."

Das Gymnasium kam also nach Auffassung der Grundschullehrerin nicht in Frage. Sie empfahl den Besuch der Hauptschule. In dieser Situation war der Vater, als wir uns zufällig trafen. Ich war zunächst überrascht, dass er diese Frage an mich richtete, schließlich befanden wir uns in der Straßenbahn. Allerdings verwies das Schild „Bundeselternrat" an meinem Revers wohl auf eine mögliche Kompetenz.

Ich schlug ihm vor, Kevin zu den Großeltern nach Nordrhein-Westfalen zu schicken. Zum Schuljahresbeginn wurde das Kind daraufhin an einem Gymnasium in NRW aufgenommen, nach einem halben Jahr wechselte es zurück in ein bayerisches Gymnasium. Übrigens völlig problemlos. Was der Junge aber nachhaltig verloren hatte, war die Freude an der Schule. Voller Bedauern erzählte mir der Vater später, dass Kevin auch jetzt nicht mehr gerne zur Schule gehe, man habe die Seele des Kindes in Deutschland zerstört. Er werde die erste Chance ergreifen, wieder ins Ausland zu gehen, denn in Deutschland ginge man mit Kindern unmenschlich um.

Machtfaktor „Nicht-Versetzung": teuer und ineffizient

In Deutschland bleiben jährlich mehr als eine Viertel Million Schülerinnen und Schüler sitzen. Vierzig bis fünfzig Prozent aller Gymnasiasten erhalten Nachhilfe, manche dauerhaft. Im Falle einer wiederholten Nicht-Versetzung werden Sitzenbleiber von einer Schulform in die andere „durchgereicht", wie sich Schulaufsichtsbeamte ausdrücken. Dies geschieht zu ihrer vermeintlichen besseren Förderung und zur Stabilisierung ihrer Persönlichkeit. Dadurch, dass die andere Schulform leichtere Anforderungen stellt, könne das Kind wieder Selbstbewusstsein fassen und besser lernen.

In etlichen Fällen stimmt dies. Aber warum kann ein Kind nicht auch bei höheren Anforderungen und entsprechender Unterstützung sein Selbstbewusstsein erhalten? Durch eine Zurückstufung findet ein Abstieg statt. (Dass es sich dabei um einen solchen handelt, wird durch die Definition der Schulformen in den Schulgesetzen deutlich.) Die Karriere mancher deutscher Schülerinnen und Schüler ist dadurch mit Brüchen und dem Verlust der Lernmotivation verbunden: vom Gymnasium zur Realschule, von der Realschule zur Hauptschule.

Die Hauptschule muss am Ende alle aufnehmen. Hauptschullehrer wehren sich zu Recht gegen dieses System. Sie fordern eine Art Bleiberecht oder auch Förderpflicht: Schulen sollten Kinder, die sie aufnehmen, auch bis zu einem Abschluss fördern. Die letzte negative Steigerung lautet: Vom Hauptschüler zum Schulabbrecher. Mehr als zehn Prozent der Schülerinnen und Schüler in Deutschland verlassen die Schule ohne Schulabschluss. Eine steigende Tendenz ist feststellbar.

Für Gymnasien und Realschulen ist Sitzenbleiben ein Clearingprozess, mit dem man sich der ungeliebten Schülerinnen und Schüler entledigen kann. Wer Arbeit macht, auffällt, ungehörig ist, anstrengend ist, bleibt sitzen. Wer sitzenbleibt, tut dies oft nicht aufgrund mangelnder Intelligenz, sondern aufgrund fehlender Unterstützung. Im jüngsten Ländervergleich des PISA-Konsortiums wird angemahnt, dass die Schulen in Deutschland zu großzügig mit der Lebenszeit von Kindern umgehen: „Die Schullaufbahnen der Schülerinnen und Schüler weisen vermehrt Verzögerungen auf." Eine rücksichtsvolle Umschreibung!

Dabei hilft Sitzenbleiben und Abschulen noch nicht einmal! Dies ist inzwischen auch wissenschaftlich diagnostiziert. Wer in Mathematik und Englisch eine „Fünf" hat und ansonsten das Schuljahr ganz gut absolviert hat, wird im kommenden Schuljahr kein besserer Schüler werden. Eine Unterstützung in den Defizitfächern bei gleichzeitiger Förderung in den anderen Fächern wäre pädagogisch sinnvoller und erstrebenswerter als eine staatlich verordnete Warteschleife in allen Fächern.

Sitzenbleiben ist gleichzeitig eine teure Art der „Nichtförderung". Eine Nicht-Versetzung kostet den Staat pro Schüler pro Schuljahr rund 4.700 Euro. Man muss sich einmal vorstellen, man hätte dieses Geld, um es für eine individuelle Förderung der Kinder ausgeben zu können! Stattdessen wird das Geld in die Zuweisung von Lehrerstunden an die jeweilige Schule „verbraten", ohne dass bei den Schülerinnen und Schülern eine sinnvolle Förderstunde ankommt.

Sitzenbleiber werden übrigens in ganz unterschiedlicher Menge an den Schulen produziert. Es gibt Schulen, die fast keine Nicht-Versetzungen aufweisen und es gibt Schulen, die in jedem Jahrgang 10 bis 20 Prozent der Schülerinnen und Schüler ihre Klasse wiederholen lassen. Für mich ist die Zahl der Sitzenbleiber ein wichtiger Indikator für die pädagogische und fachliche Qualität einer Schule. Übrigens: Die Leistungen der Schülerinnen und Schüler sind an einer Schule, die auf das Wiederholen verzichtet, nicht schlechter, sondern häufig besser. Diese Erfahrung hat auch die Kölner Martin-Luther-King-Hauptschule gemacht, die das Sitzenbleiben abgeschafft hat.

Eltern ziehen mit ihrer pubertierenden Tochter von Deutschland nach Kanada. Die Schule in Deutschland hatte Julia eigentlich aufgegeben und von einer Abschulung wurde nur deshalb abgesehen, weil die Eltern ohnehin angekündigt hatten, man werde zum Ende des Schuljahres nach Kanada gehen. In Kanada wurde Julia auf eine High-School aufgenommen. Die Eltern, die Angst hatten, sie würde sich zu einem Drop-out entwickeln, stellten voller Freude fest, dass die Tochter alsbald gerne die kanadische Schule besuchte. Die Verweigerungstendenzen gehörten der Vergangenheit an. Julia zeigte sich interessiert, arbeitete deutlich mehr als erforderlich war, belegte zusätzliche Kurse und blühte förmlich auf. Innerhalb eines Jahres gehörte sie zu den Leistungsträgern der Schule. Sie machte in der High-School einen glänzenden Abschluss und studiert heute erfolgreich.

Schulwahlentscheidungen sind Machtworte

Hessen hat es versucht und Nordrhein-Westfalen führt sie jetzt ein: die verbindliche Schullaufbahnentscheidung nach der Grundschule. Damit baut die Schulpolitik die Macht der Schule aus und schafft ein weiteres Konfliktpotenzial zwischen Schule und Elternhaus. Eltern werden nun vom ersten Schultag an die Frage stellen: Wie schaffe ich es, dass mein Kind am Ende der Grundschule das Gymnasium besuchen darf? Die Frage nach der Förderung des Kindes wird noch stärker als bisher unter diesen Blickwinkel gestellt werden. Damit werden Zukunftsängste bei Eltern und Kindern erzeugt. Freuen können sich die florierenden Nachhilfeinstitute. Da auch das Schuleintrittsalter gesenkt wird, können sie bald mit Knirpsen im Kindergartenalter Lesen, Schreiben und das Einmaleins pauken. Und Lehrerinnen und Lehrer entscheiden am Ende der Grundschulzeit über die Schullaufbahn und damit über die Bildungschancen neunjähriger Kinder.

Das System Schule ist mit Machtmöglichkeiten ausgestattet, die über den Lebensweg junger Menschen entscheiden, ohne dass Schule für die Folgen der Entscheidungen geradestehen muss. Diese Folgen tragen alleine die Kinder und deren Eltern. Gerade für Kinder mit schwierigem sozialem Hintergrund sind die Aussichten auf Bildung alles andere als rosig. Daran werden auch die mehr konservativ geprägten Vorstellungen von Bildung, die besagen, man solle die Hauptschule wieder reanimieren, nichts ändern. Gesellschaftliche Entwicklungen sind dynamisch. Wer heute den Vorschlag machen würde, zukünftig die Mobilität der Menschen wieder auf Pferd und Wagen zu beschränken, würde als „Spinner" in der Gesellschaft abgetan. Entsprechende bildungspolitische Vorschläge kann man dagegen ruhig unterbreiten. Ein Teil der Bevölkerung glaubt dann tatsächlich, damit „die gute alte Zeit" wieder heraufbeschwören zu können. Aber unsere Gesellschaft braucht neue Antworten, um der Zukunft entsprechen zu können.

In den Ländern Baden-Württemberg und Bayern spricht man vom „Grundschulabitur", weil die Kinder einen bestimmten Notendurchschnitt auf dem Grundschulzeugnis haben müssen, um das Gymnasium besuchen zu können. Auch den Eltern in NRW wird künftig das Recht genommen, über den weiteren Lebensweg ihrer Kinder zu entscheiden. Ein politisches Vorhaben, das alle wissenschaftlichen Erkenntnisse außer Acht lässt und rechtlich fraglich ist. Es ist einfach grotesk, Kinder im Alter von neun bis zehn Jahren

verbindlich einer Schulform zuweisen zu wollen. Die soziale Schere
– eine PISA-Ohrfeige – geht dann bereits in der Grundschule noch
weiter auseinander. Bundesländer wie Niedersachsen, Thüringen
und Hessen haben den Elternwillen aus gutem Grund nicht aufgehoben.

Deutsche Schulen wollen sortieren

Unterschiedliche Denkansätze sind für die Politik in unserem Land
ausschlaggebend. Sie setzten die Rahmenbedingungen, unter denen Schule arbeiten muss. Zur Veranschaulichung:

Konservativer Denkansatz:	*Wie bekommen wir die passenden Schülerinnen und Schüler in die passenden Schulen?*
Liberaler Denkansatz:	*Wie finden die besten Schulen die besten Schülerinnen und Schüler?*
Sozialdemokratischer Ansatz:	*Wie können wir Schülerinnen und Schüler am besten fördern? (Dieser Ansatz ist übrigens der skandinavische Ansatz.)*
Eltern fragen:	*Wie finden wir die beste Schule für unser Kind?*
Schule fragt:	*Wie finden wir die besten Schülerinnen und Schüler für unsere Schule?*

Die Arbeit der Schule ist nicht transparent, die Noten sind oft nicht
nachvollziehbar, die Entscheidungen der Schule aber sind rechts-
verbindlich und mit massiven Konsequenzen für die einzelnen
Schülerinnen und Schüler behaftet. Die Reaktionen von Lehrerinnen und Lehrern auf Kinder und Jugendliche sind oftmals mehr
von Sympathie oder Antipathie geleitet als von Objektivität. Viele
Pädagoginnen und Pädagogen wissen über den tatsächlichen Leis-
tungstand ihrer Schülerinnen und Schüler nicht Bescheid. Ihre dia-
gnostischen Fähigkeiten sind nicht herausgebildet, wie wir spätestens seit den PISA-Untersuchungen wissen.

Mit den aktuellen Weichenstellungen der Politik, Eltern bei der
Entscheidung, welche Schule ihr Kind besuchen soll, zu entmach-

ten, wird die Abhängigkeit vom System Schule noch einmal untermauert. Eltern aus bestimmten Gesellschaftsschichten werden auch
in Zukunft ihr Kind auf das Gymnasium bringen können. Aus den
internationalen Untersuchungen wissen wir, dass ein Chefarztkind
eine sechsmal größere Chance hat, das Gymnasium zu besuchen
als der Sohn einer türkischen Putzfrau bei gleicher Leistung. Wer
die Übergangsvoraussetzungen für das Gymnasium erschwert, wird
nicht mehr Bildungsgerechtigkeit erhalten, sondern Angst bei den
Eltern erzeugen und einen erhöhten Leistungsdruck bei den Kinder
verursachen. Dieses System dürfte in der heutigen Zeit eigentlich
keiner mehr verstehen können.

*Mareike, eine Schülerin der 10. Klasse eines Gymnasiums in Bayern,
wollte vor dem Übergang in die Oberstufe ein Auslandsjahr absolvieren.
Die Eltern holten die Genehmigung von der Schule ein und die junge
Frau ging ein Jahr nach Neuseeland. Nach der Rückkehr wollte sie in
die Oberstufe des Gymnasiums zurückkehren. Die Antwort der Schule
lautete: Die Eingangsvoraussetzungen seien nicht gegeben, der Notendurchschnitt würde nicht für die Oberstufe reichen. Die Eltern riefen
mich an: „Was können wir tun, um die Schullaufbahn von Mareike normal fortsetzen zu können? Mit der Schulleitung möchten wir uns lieber
nicht anlegen, weil wir noch ein weiteres Kind auf der Schule haben
und es davor schützen möchten, auch noch Ärger zu bekommen." Wir
überlegten gemeinsam, welche Möglichkeiten die Eltern ausschöpfen
könnten. Die Schulaufsicht wollte oder konnte nicht helfen. Am Ende
wechselte Mareike in die Oberstufe eines baden-württembergischen
Gymnasiums und macht dort nun ihr Abitur.*

Noten sind nicht objektiv

Spätesten seit den ersten PISA-Ergebnissen ist auch in Deutschland
bekannt, dass Klassenarbeiten sehr unterschiedliche Niveaus haben. Die Anforderungen von Lehrerinnen und Lehrern sind trotz
gleicher Lehrpläne relativ beliebig und Kinder und Jugendliche
werden von Schule zu Schule sehr unterschiedlich gefördert.

Noten sind nicht objektiv. Sie sind nicht transparent und eigentlich ein untaugliches Mittel, die Leistungen von Schülerinnen und
Schüler zu bewerten. Dies ist ein Grund, warum viele Länder der
Welt mit der Verwendung von Noten relativ lange warten. Stattdessen werden dort bis zur sechsten oder achten Klasse Berichts-

zeugnisse geschrieben, aus denen die Stärken und Schwächen der Kinder ebenso ersichtlich sind wie die Bereiche, wo Anstrengungen zu einem guten Erfolg geführt haben. Überhaupt spielen die Fortschritte von Kindern eine wichtige Rolle. Verbesserung der Arbeitshaltung, der Ausdauer, der Konzentration werden mit den Eltern besprochen. Wie will man solche Entwicklungen in eine Note fassen?

Zur Objektivierung der Notenvergabe haben Lehrerinnen und Lehrer sich häufig ein internes Punktesystem erstellt. Dennoch kann es vorkommen, dass die Anzahl der Punkte, mit denen man eine „Zwei" oder „Drei" bekommt, je nach Klassenarbeit variiert. Wenn die Skalen offengelegt werden, haben Schülerinnen und Schüler bei abweichenden Beurteilungen sehr schnell heraus, wo sie differieren. Ist das System nicht transparent, wie in den Fächern Deutsch, Englisch, Französisch usw., wird es für Schüler und Eltern nicht mehr überprüfbar, inwieweit eine Note gerechtfertigt ist. Lehrerinnen und Lehrer sind damit fast unangreifbar in ihrer Notengebung. Wenn mündliche Noten mit eingerechnet werden, kann es dann schon einmal sehr sonderbare Ergebnisse geben, wie nachfolgendes, kurios anmutendes, Beispiel zeigt:

In der Oberstufe eines Gymnasiums hatten diejenigen Schülerinnen und Schüler die besten Noten in Katholischer Religion, die die höchste Abwesenheitsquote während der Kurse aufzuweisen hatte. Als die Schüler dies reklamierten und die Offenlegung der Noten forderten, lautete die Antwort: In der Zeit, in der diese Schüler anwesend waren, haben sie mehr kluge Sätze gesagt als die anderen.

Schüler sind ihren Lehrern ausgeliefert

Schule hinterlässt bei vielen Menschen den Gedanken an Furcht, Angst und das Gefühl der Hilflosigkeit. Jede Schülerin und jeder Schüler ist seinen Lehrerinnen und Lehrern buchstäblich ausgeliefert. Im Unterricht finden oftmals über Sprache Gewalt, Beleidigung und Verletzung statt.

Ein befreundetes Elternpaar erzählte mir, dass sie jetzt erstmals das Gespräch mit einer Lehrerin an der Schule ihrer Tochter gesucht haben: „Wir dachten, jetzt können wir einfach nicht mehr so tun, als hätte Frau Meier einen schlechten Tag oder hätte sich vielleicht geärgert oder was wir noch so an Erklärungen dafür fanden, warum sie die Kinder in der Klasse schikanierte. Als wir uns mal nach dem Ruf der Lehrerin umhörten, erfuhren wir, dass Frau Meier an der Schule bereits seit mehreren Jahren dafür bekannt war, ihrem Frust über unfähige Schüler, laute Klassen und andere Ärgerlichkeiten lauthals Luft zu machen. Vor allem schüchterne Mädchen waren ihr wohl ein Dorn im Auge. Als wir mit ihr sprachen, wies sie alle Vorwürfe empört von sich. Zitate aus ihrem Unterricht, die wir uns vorsorglich aufgeschrieben hatten (,Was hat dich denn an unsere Schule verschlagen?', ,Jetzt bekommt die Doofe ihre Arbeit zurück', ,Da kommt ja die Knalltüte'), begegnete sie entweder mit dem Spruch ,Sie waren ja gar nicht dabei' oder ,Das ist aus dem Zusammenhang gerissen'. "

Als schweizerische Studenten Videos von deutschem Unterricht analysieren sollten, waren sie befremdet über den Umgang von deutschen Lehrerinnen und Lehrern mit ihren Schülerinnen und Schülern. Dabei handelte es sich bei den Videos um ausgesucht gute Stunden deutscher Pädagoginnen und Pädagogen, die der Aufzeichnung zugestimmt hatten.

Unter der Lehrerschaft finden sich Neurotiker, Alkoholiker und psychisch auffällige Menschen. In dem System Schule haben sie ebenso ihren unangefochtenen Platz wie engagierte, qualifizierte und menschlich hervorragende Persönlichkeiten. Wenn Lehrerinnen und Lehrer einmal zugelassen, geprüft und bestätigt sind, unterscheiden sie sich nach außen nicht mehr voneinander. Selbst ein Schulleiter beklagte sich unlängst in einem Gespräch unter vier Augen: „Ich kann machen, was ich will: Kollege Müller bekomme ich nicht weg. Fast täglich rufen Eltern an, die Schüler beschweren sich; der Typ bindet so viel meiner Zeit, dass ich kaum noch dazu komme, die zu loben, die meine Zuwendung auch brauchen. "

Öffentliche Kritik am Lehrerberuf ist politisch unkorrekt. Lehrende an deutschen Schulen müssen nach Auffassung der politisch Verantwortlichen wieder eine größere öffentliche Reputation erfahren. Nach Auffassung der naiveren politischen Klasse geschieht dies, indem man sich der Kritik gegenüber diesem Berufsstand enthält. Dabei wird außer Acht gelassen, dass die Bildung von Meinungen aus Erfahrungen resultiert, die Menschen täglich machen. Will man diese Meinungsbildung öffentlich verhindern, muss man die Bedingungen verändern, die zu den entsprechenden Erfahrungen führen.

Wie oft kamen meine Kinder nach Hause und erzählten: Die Lehrerin oder der Lehrer war wieder einmal langweilig, unvorbereitet, uninteressiert, ungerecht, laut, unbeherrscht ... „Welch eine Überraschung!", will man seinem Kind zurufen. Aber Kinder verstehen in der Regel Ironie erst ab der Pubertät und außerdem ist sie in solchen Situationen wenig hilfreich. Als Mutter oder Vater nimmt man sein Kind ernst und fragt nach, warum es denn mit soviel Enttäuschung und Frust nach Hause kommt. Gleichzeitig staut sich jedoch Wut und Unverständnis an. Eigentlich brauchen alle Eltern mindestens einen Kurs in Gesprächsführung, um den richtigen Ton und die richtigen Interventionspunkte innerhalb eines Gesprächs mit schwierigen Lehrerinnen und Lehrern zu finden.

„Die Lehrerin hat wieder einmal geschrieen", berichtete mir eine türkische Mutter, die völlig verzweifelt war. Der Junge wurde aus der Klasse verwiesen, obwohl er gar nichts gemacht habe. Yünnan wurde häufiger fertiggemacht, der Klasse verwiesen oder bekam zusätzliche Hausaufgaben auf, um die Stunden, die er auf dem Flur zugebracht hatte, nachzuarbeiten.

Wenn Besucher im Unterricht sind oder der Schulleiter kommt, war die Lehrerin immer ganz nett zu Yünnan. Das wussten auch die anderen Kinder zu berichten. In der Zwischenzeit wollte Yünnan nicht mehr in die Schule gehen. Er war ständig krank, hatte Bauchschmerzen und seit einiger Zeit hatte er wieder angefangen, zu Bettnässen. Die Mutter wusste nicht mehr aus noch ein. Sie war eine Frau, die auf das deutsche Schulsystem große Hoffnungen gesetzt hatte. Wir überlegten gemeinsam, dass es wohl besser wäre, das Kind die Schule wechseln zu lassen.

Innerhalb eines Schuljahres können Eltern ihre Kinder aber eine Schule am selben Ort nicht wechseln lassen, es sei denn, die Schulaufsicht hat dem Wechsel zugestimmt. Nun fanden Gespräche mit der Schulaufsicht statt, die leider nicht den entsprechenden Erfolg hatten. Eine Versetzung in die Parallelklasse lehnte die Schulaufsicht aus grundsätzlichen Erwägungen ab. Die Schulleiterin hatte diesen Vorschlag schon vorher als nicht möglich abgetan. Schließlich und endlich konnten wir eine andere Schulleitung davon überzeugen, das Kind aufzunehmen. Diese Frau hatte zum Glück den Mut, sich gegenüber der Schulaufsicht durchzusetzen.

Aber welches Dilemma tut sich in einem solchen Fall für Eltern auf? Wie verhalte ich mich als Mutter oder Vater in einer solchen Situation? Erkläre ich meinem Kind, welche Probleme die Lehrerin vielleicht gerade hat? Dass sie sich möglicherweise in einer schwierigen persönlichen Situation befindet? Versuche ich, Verständnis zu wecken und wenn ja, wie lange? Was tue ich, wenn mein Kind wegen einer solchen Situation krank wird? Und es sind nicht wenige Kinder, die in Deutschland an der Schule erkranken!

Meine Tochter konnte und wollte nicht verstehen, warum man zu einer Lehrerin nett sein soll, die zu den Schülern nicht nett ist. Wozu also rät man seinem Kind? Dass es sich anpassen, stillhalten, aushalten soll? Oder darf es mit der Wahrheit herausplatzen und gleichzeitig Gefahr laufen, eine schlechte Note zu bekommen? Nein, in einem System, in dem sich alles um Noten dreht, kann man diesen Rat eigentlich nicht erteilen. Also doch eine Rückgratverkrümmung für Eltern und Kinder, immer in der Hoffnung, das nächste Schuljahr möge kompetentere Lehrerinnen oder Lehrer bringen?

Es schadet dem Renommee von Lehrerinnen und Lehrern, wenn wir über diese erlebte Schulwirklichkeit nicht sprechen. Es schadet ihrem Ansehen, wenn wir nicht ehrlich und offen miteinander umgehen. Es schadet deshalb, weil alle anderen – die durchschnittlich guten und die besonders begabten Pädagoginnen und Pädagogen – in dem allgemeinen Missmut nicht mehr gesehen werden.

Es gibt sie, die berufenen Lehrerinnen und Lehrer

Viele Lehrerinnen und Lehrer sind besser als ihr Ruf. Alle, die mit Schule zu tun haben, wissen, dass es solche gibt, die Kinder mögen und solche, die sie nicht mögen. Es gibt natürlich Charaktere von Kindern und Lehrern, die nicht zueinander passen. Es gibt uninteressanten und einschläfernden Unterricht, bei dem für Kinder einfach nicht erkennbar ist, warum man für diesen Unterricht Interesse zeigen soll. Und es gibt sie, die Menschen, die aus Verlegenheit den Lehrberuf ergriffen haben und sich eigentlich in diesem Beruf gar nicht so recht wohl fühlen. Die eigentlich eine wissenschaftliche Karriere vor sich hatten oder Familie und Beruf miteinander vereinbaren wollten. Es gibt viele Gründe, warum Menschen Lehrerin oder Lehrer werden. In Deutschland sind es nicht immer die Besten eines Jahrgangs. Der Lehrerberuf hat kein gutes Renommee, aber er gilt als krisensicher.

Anders herum gibt es aber diejenigen Lehrerinnen und Lehrer, bei deren Erwähnung uns Erwachsenen die Begeisterung noch heute im Gesicht abzulesen ist. Lehrerinnen und Lehrer, die man verehrte. Überzeugende Persönlichkeiten, von denen man noch nach Jahren schwärmt. Die nicht um Autorität ringen müssen, die sie einfach haben. Für die ihre Macht und ihr Einfluss auf junge Menschen vor allem mit Verantwortung zu tun haben. Die sich um äußerste Gerechtigkeit bemühen, die Eingang in die Herzen ihrer Schülerinnen und Schüler finden. Lehrerinnen und Lehrer, für die Kinder ohne Murren bereit sind, aufzustehen, länger in der Schule zu bleiben, weil man alles von ihnen wissen will, weil man sie mag und verehrt. Von denen lernen wir viel. Oft Dinge, die nicht im Lehrplan stehen.

Es sind Lehrpersonen, die man auch in Filmen und Büchern beschrieben findet; in den Filmen „Das Lächeln der Mona Lisa", „Die Kinder des Monsieur Mathieu", „Der Club der toten Dichter" oder in Buch und Film „Das fliegende Klassenzimmer". Dort begegnen uns Lehrerinnen und Lehrer, die für ihre Schülerinnen und Schüler leben. Die Überzeugungen und Haltungen haben, Vorbilder sind. Die sich um jeden Einzelnen kümmern, die junge Menschen in ihrer Ganzheit wahrnehmen. Denen etwas an der Beziehung zu ihren Schülerinnen und Schülern liegt, die auch mit unorthodoxen Methoden darum ringen, ihrem pädagogischen Auftrag gerecht zu werden. Gott sei Dank hat jede Schule solche Persönlichkeiten. Die Wissenschaft hat längst herausgefunden, dass Kinder und Jugendliche vor allem wegen der sozialen Kontakte in die Schule gehen. Sie lernen dort am besten, wo das Klima zwischen ihnen und den hauptamtlichen Pädagogen stimmt.

Lehrerinnen und Lehrer, die keine begnadeten Pädagogen sind, können lernen, ihren Umgang mit Schülerinnen und Schülern zu reflektieren. Sie können im Team lernen oder über Rückmeldungen der Schülerinnen und Schüler. Einige Schulen haben begonnen, solche Rückmeldungen systematisch für die Weiterentwicklung der Schule zu nutzen. Sie machen damit gute Erfahrungen. Viele Lehrerinnen und Lehrer sind übrigens überrascht, wie gut ihre Arbeit von den Schülern beurteilt wird.

Eine deutsche Lehrerin, die lange an amerikanischen Schulen unterrichtet hatte, erzählte mir, dass sie mit ihrem Kurs immer die besten Ergebnisse in der Schule erzielt. Voller Neid unterstellten die Kollegen ihr, dass sie die Schülerinnen und Schüler zu lasch behandelt und die Noten verschenkt. „Ich erklärte meinen Kolleginnen und Kollegen deshalb, dass ich niemals erwarten würde, dass alle meine Schülerinnen und Schüler zum selben Zeitpunkt die gleiche

Leistung bringen würden. Jede und jeder hat bei mir die Möglichkeit zu sagen, wann er seine Leistungsüberprüfung machen will. Wenn ich eine Arbeit zurückgebe, zeige ich ihnen gleichzeitig, wo sie falsch gelegen haben und wie sie sich verbessern können. Natürlich räume ich meinen Schülerinnen und Schülern eine zweite Chance ein, um das Ergebnis zu verbessern. Mir ist es wichtig, dass alle das Pensum lernen und beherrschen. Das spiegeln auch die Ergebnisse der Abiturklausuren deutlich wider. Ich weiß genau, dass meine Schülerinnen und Schüler weder vor dem Zentralabitur noch vor den Abiturklausuren Angst haben."

Ich brauche eigentlich nicht zu erwähnen, dass diese Lehrerin sehr gemocht wird und zudem eine enorme Disziplin und Arbeitshaltung in ihren Kursen erreicht. Aber es würde schon reichen, wenn die Mehrzahl der Lehrerinnen und Lehrer folgende Grundsätze einer guten Schule beherzigen würde, die finnische Schulen so erfolgreich machen:

▸ Ein guter Lehrer braucht Zeit für die junge Generation, Zeit zum Zuhören, Zeit zum Helfen.
▸ Er muss sich auf Kinder einlassen und sie ernst nehmen.
▸ Er muss an Kinder glauben und ihnen Hilfen geben, sie fordern und unterstützen.
▸ Er muss Orientierung geben, konsequent sein, berechenbar und eine positive Grundeinstellung zu Kindern und deren Lernbereitschaft mitbringen.

Mein Fazit:

Macht darf an deutschen Schulen kein Tabu-Thema sein. Dass Lehrerinnen und Lehrer Macht haben, ist nicht das Problem. Der Umgang damit ist problematisch sowie der Umstand, dass sie ihre Macht nicht regelmäßig reflektieren und zugleich vom System gezwungen werden, diese Macht auch gegen Kinder und Eltern auszuüben. Das schadet ihrem Ansehen. Je mehr Macht eine Person hat, umso zurückhaltender und verantwortungsvoller muss sie diese einsetzen. Umso mehr muss man jedoch auch Strukturen hinterfragen und diese nicht als gegeben hinnehmen. Ich wünsche mir von Lehrerinnen und Lehrern mehr Zutrauen in die eigene Person, mehr Augenhöhe mit Kindern und Eltern, mehr Offenheit und Reflexion sowie eine grundsätzlich positive Einstellung zu Menschen.

Kapitel 6
Schule blickt auf die Defizite der Kinder

In den Monaten nach Bekanntwerden der Spitzenergebnisse der finnischen Schülerinnen und Schüler konnte sich die in Berlin lebende finnische Pädagogin Kati Jauhiainen nicht retten vor Einladungen zu Referaten, Vorträgen oder Workshops. In einer gelungenen Mischung aus wissenschaftlichem Hintergrundwissen und Beispielen finnischer und deutscher Schulwirklichkeit fesselte sie die Aufmerksamkeit ihrer Zuhörerinnen und Zuhörer. Häufig entwickelten sich lebhafte Diskussionen, zum Beispiel, als sie ein Formular auf den Overhead-Projektor legte, mit dem Eltern in Finnland die Schule ihrer Kinder bewerten.

Still wurde es immer dann, wenn Kati Jauhiainen darüber sprach, wie Lehrerinnen und Lehrer mit ihren Schülerinnen und Schülern in Finnland umgehen. Ihre Sätze bleiben hängen. Ich habe sie heute noch im Ohr: „Ein Kind geht als ganzer Mensch in die Schule. Das höchste Gebot im Unterricht ist es, ein Kind nie zu beschämen." Oder: „Auch die Gefühle der Kinder, die, wie wir wissen, das Lernen stark beeinflussen, werden beachtet. Kinder, die Angst haben, lernen schlechter." Und: „Wir haben eine Schule für alle Kinder, denn wir brauchen jeden Menschen in unserer Gesellschaft. Wir können es uns nicht leisten, auch nur einen Schüler, eine Schülerin auszugrenzen."

Es fallen Worte wie Wohlbefinden, gemütliche Räume, Erziehungspartnerschaft mit den Eltern, individuelle Lehrpläne ... Man mag als deutsche Mutter kaum glauben, dass es tatsächlich ein Land gibt, in dem „landesweit jedes zweite Jahr das gesundheitliche, soziale und psychische Wohlbefinden der Schülerinnen und Schüler geprüft wird", so die finnische Pädagogin. Der entscheidende Satz von Kati Jauhiainen, den ich für den Titel dieses Kapitels gewählt habe, lautete aber: „Deutsche Schulen blicken auf das Defizit der Kinder. Wir dagegen fragen: Was kannst du schon?"

Ich habe nach solchen Veranstaltungen viele Eltern erlebt, denen angesichts dieser Worte buchstäblich warm um's Herz wurde. Es klingt ja auch zu schön, um wahr zu sein. Doch mancher Skeptiker fragt sich: Das soll alles sein? Wohlbefinden? Was ist mit der Fachkompetenz des Lehrers, sorgfältiger Unterrichtsvorbereitung, angemessener Didaktik?

Was den Menschen umtreibt, sind Gefühle

Dies alles ist wichtig und das Handwerkszeug jedes Pädagogen. Aber: Lassen Sie uns einen ganz kurzen Blick in ein Buch des Neurobiologen Manfred Spitzer werfen. Es heißt: „Lernen – Gehirnforschung und die Schule des Lebens". Der Leiter des Transferzentrums für Neurowissenschaften und Lernen (ZNL) der Universitätsklinik Ulm beschreibt dort ein Experiment, das die Abhängigkeit der Gedächtnisleistung von emotionaler Beteiligung nachweist. Spitzer erklärt, dass emotionale Beteiligung das Lernen erheblich verbessert. „Ganz allgemein lässt sich Folgendes festhalten: Was den Menschen umtreibt sind nicht Fakten und Daten, sondern Gefühle, Geschichten und vor allem andere Menschen." Oder wie ein Vater unlängst schmunzelnd bilanzierte: „Meine Tochter geht nicht wegen des Unterrichts gerne zur Schule, sondern weil sie da ihre Freundinnen trifft."

Wo Kinder nicht beschämt werden, wo Lehrer nicht ständig darüber reden, was ein Schüler/eine Klasse noch nicht gelernt hat, wo Jugendliche nicht aus Rache oder Unterlegenheitsgefühlen Lehrer fertig machen müssen, wo eine entspannte und anregende Atmosphäre herrscht, wo die Begabungen jedes Einzelnen – auch der Pädagogen – in den Blick genommen werden, da halten sich Kinder und Erwachsene gern auf. Da fühlen sie sich wohl. Dort kann erfolgreich gelernt werden.

Jana, siebtes Schuljahr, kommt nach Hause – schluchzend. Es ist der erste Schultag nach den Herbstferien, sie bringt die erste Englischarbeit in diesem Schuljahr bei einer neuen Lehrerin mit nach Hause, Note: 6. Jana weint – zum ersten Mal wegen einer Note – und sagt: „Ich bin doch kein Kind für eine Sechs." Die Eltern trösten, beruhigen, können es aber auch kaum glauben. Ihre Tochter ist eine gute bis durchschnittliche Schülerin, in Englisch hatte sie seit dem 5. Schuljahr eine Zwei auf den Zeugnissen. Sie erfahren, dass mehr Kinder als sonst mit Fünfen und zum ersten Mal auch mit Sechsen nach Hause gegangen waren. Sie fragen: „Was hat denn eure Lehrerin dazu gesagt, dass die Arbeit so schlecht ausgefallen ist?" Jana: „Die Frau Schmidt hat nur gesagt: ‚Ich freu' mich schon auf die Anrufe eurer Eltern.' – In einem persönlichen Gespräch erklärte die Lehrerin, sie habe den Leistungsstand der Klasse falsch eingeschätzt, aber es sei ja nur gut, dass jetzt jeder wisse, was er noch zu tun habe. – Die Reaktion der Klasse: Die folgenden Arbeiten werden nervös vorbereitet, die Lust am Englisch-

sprechen geht gegen Null und die Lehrerin, die im Laufe des Schuljahres immer wieder mit abfälligen Bemerkungen gegenüber den Kindern von sich Reden macht, „kann man ja nicht ernst nehmen", so das Fazit eines Mädchens.

Wenn man dieses Beispiel liest, kann man sich kaum vorstellen, dass es in den 70er Jahren die finnischen Lehrerinnen und Lehrer waren, die nach Deutschland reisten, um sich hier Impulse für die Reform ihres Schulwesens zu holen. Sie staunten darüber, dass die Pädagogik und Philosophie von Friedrich Fröbel (1782–1852), Maria Montessori (1870–1952), Rudolf Steiner (1861–1925) und anderen Reformpädagogen wie dem Franzosen Célestin Freinet (1896–1966) und dem Amerikaner John Dewey (1895–1952) an deutschen Modellschulen ein ganz neues Bildungs- und Erziehungsverständnis hervorgebracht hatten. Sie hörten Worte, die damals für sie neu waren: Selbstverantwortetes Lernen, Selbsterziehung, Freiarbeit, offener Unterricht, vorbereitete Umgebung, ganzheitliches Menschenbild, Verzicht auf Noten … Ich stelle mir vor, dass die finnischen Lehrerinnen und Lehrer vor 30 Jahren mit ähnlichen Anregungen in ihr Land zurückkehrten, wie es die Deutschen in diesen Monaten nach einem Besuch in Finnland tun. Da stellt sich die Frage: Haben wir drei Jahrzehnte verschenkt?

Die Mutter von Tim, 9. Schuljahr, wollte die nette Französisch-Lehrerin kennen lernen, von der ihr Sohn so viel erzählte. Sie ließ sich für den Elternsprechtag einen Termin geben und wurde mit den Worten begrüßt: „Ach, Sie sind die Mutter von Tim. Sie können gleich wieder gehen, mit Tim habe ich keine Probleme." – Eine andere Lehrerin an einer anderen Schule ließ den Eltern von Elena, 13, schon vorher über das Mädchen ausrichten: „Zu mir brauchen Sie nicht zu kommen. Ich habe über Marlene keinen Gesprächsbedarf." Auch hier ging es um die Vorbereitung eines Elternsprechtages.

An einem Bonner Gymnasium kam man überein, die Elternsprechtage im Wesentlichen nur für Eltern von Kindern abzuhalten, bei denen die Lehrerinnen und Lehrer Probleme beim schulischen Fortkommen sahen. Viele andere Eltern protestierten gegen diese Maßnahme. Sie fühlten sich ausgeschlossen von den Informationen über ihr Kind.

Weiche Faktoren entscheiden über Lernerfolg

Die Finnen machen es – ungeachtet dessen, dass auch dort nicht alles Gold ist, was glänzt – richtig: Sie achten auf das Wohlbefinden und die Lernfreude ihrer Schülerinnen und Schüler, auf die Motivation und Begeisterung ihrer Lehrerinnen und Lehrer und darauf, dass Eltern sich dazugehörig fühlen – auf vermeintlich „weiche" Faktoren also. Das regelmäßige Gespräch mit den Eltern über ihr Kind gehört deshalb zum Auftrag einer jeden finnischen Lehrerin, eines jeden finnischen Lehrers. Es wird Zeit eingeplant, um über Stärken, Entwicklung und Zielvereinbarungen zu sprechen.

Finnische Lehrerinnen und Lehrer wissen: Jedes Kind will lernen, jedes Kind hat Begabungen. Und sie sind überzeugt, dass jeder motivierte Schüler noch mehr lernen will, dass jeder engagierte Lehrer seine Profession ausbauen und optimieren will und dass jede Schule wissen will, wie gut sie im Landesdurchschnitt ist. Und so kommen dann hervorragende Ergebnisse zustande, wie wir sie seit PISA kennen.

Diese Schul- und Lernkultur haben sich die Finnen erarbeitet. In den siebziger Jahren, als Finnland das gegliederte Schulsystem und das Sitzenbleiben zugunsten einer „ganzheitlich lernenden Gemeinschaftsschule" aufgab, geschah dies gegen heftige Widerstände. Das, was wir heute kennenlernen, ist nicht vom Himmel gefallen, sondern ist das Ergebnis aus dem Ringen um die bestmögliche Förderung jedes einzelnen Kindes und um eine Schule, die versucht, alle Beteiligten „mitzunehmen".

Klassenlehrerin einer 6. Klasse in Hamburg am Abschluss eines Eltern-
gesprächs: „Wir werden bis zum Ende des Schuljahres schon noch se-
hen, wer auf unser Gymnasium gehört und wer nicht."

Es ist für Eltern sehr schwer, für viele gar nicht möglich, sich dem Druck zu entziehen, den viele Lehrerinnen und Lehrer durch den Blick auf die Schwächen und Defizite des Kindes ausüben. Wenn ein Vater bei einem der unsäglichen Elternsprechtage in knapp zehn Minuten informiert wird, dass die Versetzung seines Sohnes gefährdet ist, braucht es schon sehr gelassener und umsichtiger Eltern, damit sich diese Aussage nicht unverzüglich und nachhaltig auf das Familienklima niederschlägt. „Und nun seht zu, wie ihr klar kommt", hätte der Lehrer nur noch hinzufügen müssen.

Häufig folgt dieser lapidaren Information dann der kurze Hinweis, dass das Kind wahrscheinlich nicht auf diese Schule gehört. Erst kürzlich rief mich eine verzweifelte Mutter an und erzählte mir:

> *„Meine Tochter besucht die sechste Klasse eines Gymnasiums. In Deutsch und Mathe hat sie eine Vier. In allen anderen Fächern Zweien und Dreien. Jetzt wurde mir nahe gelegt, Hanna von der Schule zu nehmen. Aber ich bekomme keinen Platz an einer Realschule. Muss meine Tochter jetzt auf eine Hauptschule?"*

> *An einem Gymnasium in Bayern spricht man direkt zu Beginn der fünften Klasse Klartext: Dort verkündete unlängst der Schulleiter den staunenden Eltern, dass ihre Kinder zwar in der Grundschule zu den guten, ja sogar zu den besten Schülerinnen und Schülern gehört hätten, am Ende der Klasse 6 würden aber mindestens dreißig Prozent die Klasse verlassen haben. – Also muss ich davon ausgehen, dass sich die Schule bemüht, die entsprechenden dreißig Prozent herauszufinden.*

Eine ganz ähnliche Haltung wurde mir auch vor Jahren von einem rheinland-pfälzischen Gymnasium berichtet – also offenbar ein stehendes Muster an vielen deutschen Gymnasien.

Aus Rücksicht halten Eltern still

Aus Rücksicht auf ihr Kind halten Eltern still. Wer gelernt hat, dass Eltern als Gesprächspartner vor allem dann gefragt sind, wenn es Probleme gibt oder wenn das Klassenzimmer gestrichen werden muss, ein Schulfest zu organisieren ist oder ein Klassenausflug begleitet werden soll, der will nicht weiter auffallen. Solch eine mehrheitlich geduckte Haltung blockiert nicht nur den Einzelnen, sondern auch die Durchsetzung von Elterninteressen.

Elterngespräche sind in Deutschland nicht an der Tagesordnung. Sie gehören für sich normal entwickelnde Kinder – besser: unauffällige Kinder – nicht zum Standardrepertoire von Lehrerinnen und Lehrern. Die Schule in Deutschland wird nur dann aktiv, wenn es Defizite zu attestieren gilt, die durch die Schule wahrgenommen werden. Das Abmildern von Defiziten betrachten viele Schulen nicht als ihre Aufgabe. Die individuelle Förderung von Kindern lässt – wie durch die IGLU-Studie attestiert – die Grundschule zur besten Schulform in Deutschland werden.

Das normale, ermunternde und sich an der Entwicklung der Kinder orientierende Eltern-Lehrer-Routine-Gespräch, das in Skandinavien in jedem Halbjahr ausführlich geführt wird, hat in Deutschland schon vom Zeitansatz her keine Chance. Es kann aber auch nicht Ziel führend sein, wenn den Schulen vielfach die Ressourcen und die Zeit der Lehrerinnen und Lehrer fehlen, um individuell zu beraten und zu helfen. Es fehlt darüber hinaus an Ansätzen der Zusammenarbeit, der gemeinsamen systemischen Beratung und der Unterstützung. Es fehlt eine Beratung, die im „System Schule" als fester Bestandteil verankert ist, für Schülerinnen und Schüler, für Eltern aber auch für Lehrerinnen und Lehrer. Andere Professionen könnten auch in Deutschland mithelfen, Defizite im Keim zu ersticken bzw. ihnen sinnvoll zu begegnen und sie abzubauen. Dazu gibt es in Finnland die Gesundheitsfürsorger, die Sozialarbeiter und Psychologen, die alle jederzeit der Schule zur Verfügung stehen. Es würde den organisierten Willen der Schule zur Unterstützung, Hilfe, Begleitung voraussetzen, der bislang nicht gegeben ist.

Der Blick auf die Defizite stützt das System

Der defizitorientierte Ansatz der deutschen Schule dient der Stützung des Systems, aber nicht der Entwicklung und Förderung von Kindern. Dabei weiß jeder Laienpädagoge, dass nichts so motivierend ist wie das Benennen der Stärken und die Zurückhaltung bei Schwächen. Das gilt für die Personalführung von Erwachsenen ebenso wie für das Arbeiten mit Kindern und Jugendlichen. Wer nur nach Defiziten sucht und diese dann in Noten attestiert, hilft Kindern nicht, sondern behindert sie in ihrer Entwicklung.

In einer Diskussion zwischen Schülerinnen und Schülern einer finnischen Gymnasialen Oberstufe und Schülerinnen und Schülern einer deutschen Gesamtschule sowie eines Gymnasiums wurden finnische Jugendliche gefragt. „Gibt es an euren Schulen auch Streber?" Eine heftige sprachliche Findungsphase schloss sich an. Was ist ein Streber? Die Finnen konnten mit dem Wort nichts anfangen. Das Wort Streber und seine Bedeutung, meinten sie, komme in ihrer Sprache nicht vor.

Es ist aber auch unnötig. Wer jeden Menschen in seiner Einzigartigkeit und seinen Begabungen sieht, fördert und unterstützt, für den sind Unterschiede normal. Es ist in Finnland deshalb selbstverständlich, besonders begabte und interessierte Schülerinnen und Schüler ebenso zu fördern wie normal begabte oder sonderbegabte.

Mein Fazit:

Die fehlende Anerkennung der Andersartigkeit der Menschen führt in Deutschland zu einer Gesellschaft, die mit Unterschieden nicht umgehen kann und sich über Begabungen nicht freut. Der Blick auf die Defizite verhindert zugleich den natürlichen Umgang mit begabten und hochbegabten Schülerinnen und Schülern. Anders zu sein, ist bei uns ein Problem, keine Bereicherung. Auch dieses haben wir unserem System zu verdanken. Nur dort, wo sich Kinder und Jugendliche, Eltern und Lehrerschaft wohlfühlen, kann erfolgreich gelernt werden. Dass sich unsere Bildungspolitiker nach PISA auf Lernstandards und zentrale Prüfungen konzentrieren, ist für mich typisch deutsch. Es bringt uns vermutlich etwas weiter, aber es wird uns nicht an die Spitze bringen, weil es einen Orientierungsrahmen setzt, der Spitze verhindert.

Kapitel 7
Ganztag statt Hausfriedensbruch

Auf der Zugfahrt nach München kam ich mit einem Fahrgast, der mir gegenüber saß, ins Gespräch. Er hatte drei Kinder und kam aus dem Sudan. Nach dem Studium in Deutschland hat er hier geheiratet und lebt nun seit rund 20 Jahren in Bayern. Herr Demir arbeitet im wissenschaftlichen Bereich, seine Frau ist ebenfalls berufstätig.

Er erzählte mir Folgendes: „Wenn ich gleich nach Hause komme, ist es ungefähr sechs Uhr. Dann mache ich mit meinem jüngsten Sohn Ahmed noch Hausaufgaben, wie jeden Tag. Die Schule erwartet das von uns Eltern. Außerdem sorgen sich meine Frau und ich, dass es dem Kind schadet, wenn die Hausaufgaben nicht regelmäßig und gut gemacht werden. Eine Lehrerin hat uns ganz deutlich zu verstehen gegeben, dass nicht oder schlecht gemachte Hausaufgaben Maluspunkte geben würden. Mit den älteren Kindern haben wir solche Erfahrungen bereits sammeln müssen. Ahmed geht auf die Realschule, die Lehrer dort sind sehr streng. Wir müssen uns sehr anpassen und anstrengen, wenn wir den Schulerfolg unseres Sohnes nicht gefährden wollen. Vor allem müssen wir zuhause alles nacharbeiten, was er in der Schule nicht verstanden hat."

Als er selber zur Schule gegangen sei, erzählte Herr Demir, da hätten sich die Schüler untereinander geholfen. Die Eltern hätten es gar nicht gekonnt. Wer bei den Hausaufgaben etwas nicht verstanden habe, hätte am nächsten Tag den Lehrer fragen können. Auch wäre er auf eine Ganztagsschule gegangen und der Umfang der Hausaufgaben wäre längst nicht so groß gewesen, wie jetzt bei seinem Kind.

„Oft sitze ich noch bis spät abends mit Ahmed zusammen und lerne Mathematik und Englisch. Aber dadurch ist unser Verhältnis oft angespannt. Wir streiten uns häufiger und manchmal geht mein Sohn wütend ins Bett und will von mir nichts mehr wissen. Aber was soll ich machen? Wenn die nächste Arbeit keine befriedigende Note bringt, dann haben wir einfach Angst, dass das Kind nicht dauerhaft auf der Schule bleiben kann. Ich weiß, dass viele Mitschüler die Hausaufgaben regelmäßig im Nachhilfeinstitut erledigen, aber dafür fehlt uns das Geld. Bei drei Kindern in der Ausbildung und im Studium reicht unser Einkommen dafür einfach nicht aus."

Hausaufgaben sind Hausfriedensbruch

Ich fühlte mich erinnert an die Aussage eines Schulleiters, der formuliert hatte: „Kinder, die von ihren Eltern nicht bei den Hausaufgaben unterstützt werden, haben auf dieser Schule keine Chance. Als Schule erwarten wir diese Unterstützung von zuhause." Dieses Selbstverständnis von Schule haben wir in den letzten Jahrzehnten in Deutschland wie selbstverständlich entstehen lassen, dabei allerdings völlig übersehen, dass sich die gesellschaftlichen Bedingungen verändert haben. Die Mütter, die keinen Beruf ausüben, sind in der Zwischenzeit selten geworden. Alleine schon deshalb, weil oft ein Einkommen allein nicht mehr den Lebensunterhalt für die Familie sichert. Trotzdem ist die Halbtagsschule mit anschließendem Hausaufgabenprogramm die Regel. Als Folge geben Eltern in Deutschland nach Zahlen des Instituts der deutschen Wirtschaft Köln jährlich 4,6 Milliarden Euro für Nachhilfeunterricht aus. Nicht eingerechnet ist hierbei, was Eltern, Großeltern, ältere Geschwister sowie der Freundes- und Bekanntenkreis selber an Nachhilfeleistungen aufbringen. Eine Umfrage unter den Mitschülerinnen und Mitschülern meines Patenkindes ergab, dass von den 29 Kindern der Klasse 26 Kinder Nachhilfe oder Hausaufgabenbetreuung erhielten. Dabei handelte sich um eine 5. Klasse eines Gymnasiums.

Dort, wo die Eltern nicht in der Lage sind, diese Aufgabe zu delegieren, kommt es häufig zu kaum zu ertragenden Szenen, an die ich mich auch aus meiner Zeit als Mutter schulpflichtiger Kinder noch gut erinnern kann: Weinende Kinder, verzweifelte Mutter, gestörter Hausfrieden. Doch irgendwie mussten die Hausaufgaben ja erledigt werden. Nach den notwendigen Versöhnungsgesprächen dann ein erneuter Versuch. Doch auch hier war die Sanftmut und Leidensfähigkeit als Mutter nicht so ausgeprägt, wie ich mir dies gern gewünscht hätte.

Unverständnis bei den Kindern, Verzweiflung der Mutter, wenn die Kinder nicht so schnell verstanden, wie man es als Mutter gern gesehen hätte … Wenn ich dann nach einiger Zeit den Vorschlag machte, unter die Hausaufgaben zu schreiben „Mein Kind hat die Hausaufgaben nicht verstanden", gab es erneut Theater. Ebenfalls, wenn ich nach zu langer Zeit das Unterfangen abbrechen wollte. Natürlich wollte man am nächsten Tag seine Hausaufgaben vorzeigen! Ich will nicht wissen, wie viele Hausaufgaben nachts oder abends von übermüdeten Eltern für ihre Kinder gemacht werden, damit am nächsten Morgen der Schulfrieden garantiert ist.

Später, in der Pubertät, ändert sich das. Dann ist es auf einmal schick, ohne Hausaufgaben in die Schule zu gehen. Oder diese werden morgens im Flur, im Bus oder in der Straßenbahn noch schnell bei den Mitschülern abgeschrieben. In all diesen Fällen ist der Sinn von Hausaufgaben zu hinterfragen.

Diskussionen über Hausaufgaben sind Dauerbrenner

Die Diskussion über Hausaufgaben während unserer Elternabende war stets spannend. Da gab es die Eltern, die immer noch mehr Hausaufgaben einforderten, weil ihre Kinder sich doch so unterfordert fühlten. Andererseits gab es die Eltern, die meinten, die Kinder hätten an etlichen Tagen zu viel auf, die Lehrer sollten sich doch bitte besser abstimmen. Dies sieht übrigens auch die Erlasslage so vor. Für die maximale Dauer von Hausaufgaben gibt es außerdem Richtlinien der Kultusministerkonferenz (KMK).

Eine Matheaufgabe ist mir in besonderer Erinnerung geblieben. Nach dem täglichen Hausaufgabenritual war klar: Wir konnten eine Aufgabe nicht lösen. Aber nicht nur uns war es so ergangen, sondern vielen anderen auch, die in der Zwischenzeit bei uns angerufen hatten. Helle Verzweiflung unter den Kindern und den Eltern. Wie soll man denn nun damit umgehen? Mein lapidarer Vorschlag, wir sollten alle ins Heft schreiben, dass die Aufgabe nicht zu lösen gewesen sei, löste bei den Eltern völliges Unverständnis aus. Die Recherchen gingen weiter. Am nächsten Tag stellte sich dann heraus, dass der Mathelehrer schlicht zwei Aufgabenteile miteinander verwechselt und eine völlig unsinnige Aufgabe gestellt hatte ...

Umfang und Dauer von Hausaufgaben sind auf Elternabenden ähnliche Dauerbrenner wie die Sauberkeit von Toiletten an den Schulen. Tatsächlich verbergen sich dahinter die Not und die Verzweiflung vieler Familien, die mit der Überwachung und Durchführung von Hausaufgaben überfordert sind. Viele Hausaufgaben sind aus meiner Sicht schlicht und einfach Hausfriedensbruch. Unüberlegt aufgegeben, überfordern sie Schülerinnen und Schüler und stellen keine sinnvolle Nacharbeit oder eine Vorbereitung des kommenden Unterrichts dar. Entsprechend lustlos werden sie von den Kindern gemacht. Die Eltern empfinden diese Hausaufgaben als häusliche Hölle.

Dabei können Hausaufgaben Sinn machen, wenn sie sich auf dem neusten Stand der Aufgabendiskussion bewegen würden. Sie müssten regelmäßig besprochen werden und so dem einzelnen Kind signalisieren: Was du zuhause erarbeitet hast, ist etwas wert, ist wichtig. In dem Sammelband „Was ist ein guter Fachunterricht?", herausgeben vom Landesinstitut für Schule und Weiterbildung in Soest (NRW), ist nachzulesen: „Nachbesprechungen und die Diskussion bereits gelöster Aufgaben im Klassenverband sind besonders effektiv im Hinblick auf das Lernen und Verstehen neuer Erkenntnisse. Sie ermöglichen eine reflektierende Besinnung, schaffen Kontraste und lassen eigene Fehler gewahr werden. Lehrerinnen und Lehrer haben dabei die Rolle als Moderatorinnen und Moderatoren, die die Aufgabendiskussion organisieren und strukturieren." Da kann ich nur sagen: Schön wär's!

Anders als die deutschen Schulen betrachten die Internationalen Schulen das Thema Hausaufgaben. „Wenn Schüler am Nachmittag die Schule verlassen", so ein Schulleiter einer Internationalen Schule, „dann wissen wir, dass sie Freizeit haben. Sie können ihren Hobbys nachgehen oder mit den Familien entspannt den Abend verbringen. Wir unterstützen damit Familienleben." Wohl wahr!

Schule gibt Eltern „gute Tipps"

Viele Schulen sehen sich bemüßigt, Eltern und Kindern Regeln für die Hausaufgaben mitzugeben. So sollen Eltern das Kinderzimmer oder den Arbeitsplatz für die Hausaufgaben kritisch betrachten. Viele Kinder-/Jugendzimmer seien mit Ablenkungen aller Art bestückt. Kein Spielzeug solle verlockend in Griffnähe liege. Für Jugendliche seien PC, Musikgeräte aller Art oder Fernseher, die nebenher liefen, tabu. Arbeitsplatz, Bücher, Stifte und alles, was für die Hausaufgaben benötigt werde, müsse immer griffbereit an der gleichen Stelle liegen. Klare Regeln und Ordnung seien die Grundvoraussetzungen für ordentliche Hausaufgaben. Den Eltern wird dann noch empfohlen, die notwendige „Härte" zu lernen, nicht nachzugeben und die Kinder alleine arbeiten zu lassen. Was im krassen Widerspruch zu den tatsächlichen Erwartungen der Schulen steht.

Nein, als Eltern soll man keine Lösungswege vorgeben, sondern fragend herausfinden, was das Kind benötigt. Wo liegen seine Probleme? Was hat es eigentlich verstanden? Ich frage mich etwas ganz anderes: Ist dies nicht eigentlich Aufgabe der Schule? In einem Gespräch mit den Lehrkräften oder als Thema bei einem Elternabend sollte man klären, ob es nicht besser ist, weniger Hausaufgaben aufzugeben, aber dafür mehr auf einen entsprechenden Eigenanteil der Kinder Wert zu legen, bis sich ein Hausaufgabenproblem gelöst hat.

Manch freundliche Frage von mir, ob nicht eine Abstimmung der Lehrkräfte untereinander verhindern könne, dass sich die Hausaufgaben von verschiedenen Fächern aufhäuften, wurde häufig so beantwortet: Leider fehle dafür die Zeit, man komme im Unterricht nicht einmal zum Üben, denn die Lehrkräfte müssten erst andere Probleme in der Klasse klären. Also Hausaufgaben zur Kompensation von fehlender Unterrichtszeit?

Hausaufgaben führen in deutschen Köpfen zu Denkblockaden. Beim Besuch einer Offenen Ganztagschule erzählte mir die Leiterin des Nachmittagsbereiches, die Kinder würden einmal in der Woche die Hausaufgaben nicht in der Schule machen, damit sich die Eltern nicht aus der Verantwortung verabschieden würden. Mein entsetztes Gesicht zeigte sofort Wirkung. Sie erzählte weiter, dass viele Eltern dagegen protestieren würden, aber sie wüsste nicht, wie sie die Eltern sonst dazu bekäme, in den Ranzen der Kinder zu schauen.

Sicherlich sind Eltern für den Ranzen ihrer Kinder verantwortlich. Diese Verantwortlichkeit wird jedoch nicht selbstverständlich von allen Eltern wahrgenommen. Statt sie durch indirekte Maßnahmen zwingen zu wollen, sollte man offen über Erwartungen und Unterstützung der Eltern sprechen. Viele Eltern wissen einfach nicht mehr, wie man es richtig macht und wie ihre Rolle auszufüllen ist.

Hausaufgaben müssen sinnvoll sein

Nach dem ersten PISA-Schock besuchte ich Schulen in Schweden. Bei einem sich der Besichtigung einer Grundschule anschließenden Gespräch kam die Frage auf, ob man in Schweden auch Hausaufgaben aufgäbe. „Ja", lautete die Antwort. Eigentlich hatten wir eine andere Reaktion erwartet. Doch die Nachfrage, was es denn für Aufgaben seien, war dann doch sehr erhellend. Man wolle über die Hausaufgaben die Kommunikation in der Familie positiv beeinflussen. Deshalb gebe es insbesondere über die Wochenenden

Hausaufgaben auf. Das war nun ganz neu! Der Lehrer führte seine Erklärung an einem Beispiel aus.

„Wir wissen, dass in vielen Familien nicht mehr sehr viel miteinander gesprochen wird. Die Kinder schauen fern, sitzen vor dem Computer, bewegen sich kaum und in den Familien wird zuwenig miteinander interagiert. Deshalb haben wir uns gedacht, wir wollen, dass Kinder und Eltern, aber auch Großeltern, ins Gespräch kommen, etwas gemeinsam machen. So bekamen die Kinder z. B. auf, Sprichwörter zu sammeln. Eltern und Großeltern sollten erzählen, welche Sprichwörter sie kennen. Auch Sprichwörter in anderen Sprachen sollten mitgebracht werden, um die Kinder mit Migrationshintergrund ebenfalls einzubeziehen."

Ein anderes Beispiel:

Die Kinder sollten am Wochenende mit ihren Eltern Sehenswürdigkeiten von Stockholm benennen. Auch hier konnte die ganze Familie helfen, besichtigen und gemeinsam Spaß haben. Hausaufgaben also als Interaktions- und Kommunikationshilfe für die Familie. Wir waren alle mehr als überrascht. Das entsprach nicht unserem Verständnis von Hausaufgaben.

Ganztagsschule verändert den Blick auf Lernen

„Früher habe ich recht unbedarft Hausaufgaben aufgegeben", erzählte mir eine engagierte Lehrerin. „Eine Vorstellung, wie lange Kinder für diese Aufgaben benötigen würden, hatte ich eigentlich nicht. Als unsere Grundschule dann Offene Ganztagschule wurde, bin ich nachdenklich geworden. Denn von den Mitarbeiterinnen im Nachmittagsbereich erfuhr ich, dass relativ viele Kinder mit meinem Pensum an Hausaufgaben große Probleme hatten. Ich habe dann angefangen, selber im Nachmittagsbereich mitzuarbeiten. Dort musste ich feststellen, dass ich wohl über Jahre hinweg Kinder schlicht und einfach am Nachmittag mit den Hausaufgaben überfordert hatte. Ich erfuhr aber auch, was die Kinder am Vormittag nicht verstanden hatten, konnte erklären und helfen. Nach diesen Erfahrungen bin ich sehr nachdenklich, wenn ich Hausaufgaben aufgebe und verabrede mit den Kindern immer ein Monitoring für den Fall, dass sie die Aufgaben nicht in einer bestimmten Zeit und ohne Hilfe erledigen können. Am nächsten Tag werden die Hausaufgaben grundsätzlich besprochen, damit die Kinder wissen, dass ihre Arbeit wichtig ist und Beachtung findet."

Spätestens seit Bekanntgabe der Ergebnisse der internationalen PISA-Studie findet das schulpolitische Konzept der Ganztagsschule mehr und mehr Nachfrage und Akzeptanz. Die Ganztagsschule entspricht einem dringenden gesellschaftlichen Bedürfnis, das insbesondere von vielen Eltern formuliert wird. Es ist gesellschaftspolitische Realität, dass die Vereinbarkeit von Familie und Beruf immer bedeutender wird und die traditionelle Arbeitsteilung zwischen Schule und Familie nicht mehr selbstverständlich ist. Dies ist übrigens nichts, was beklagt werden müsste. Wir hinken auch bei dieser Frage den Entwicklungen, die die Franzosen und Skandinavier vor über 30 Jahren bewältigt haben, hinterher. Hätten wir in den Zeiten des Arbeitskräftemangels die jungen Frauen in den Arbeitsmarkt integriert und die Infrastruktur für Kinder und Familien entsprechend ausgebaut, wäre das Thema Vereinbarkeit heute keine Schlagzeile mehr Wert.

Die Ganztagsschule nimmt diese vergleichsweise späten Entwicklungen in der Lebens- und Erziehungswelt weiter Bevölkerungsteile auf. Sie versteht sich als Familien unterstützendes Angebot, das zugleich Kinder umfassender und individueller fördern kann. Die ehemalige Bundesbildungsministerin Edelgard Bulmahn brachte ein ehrgeiziges und Richtung weisendes Ganztagsschulprogramm auf den Weg, das von den Ländern sehr unterschiedlich angenommen und umgesetzt wurde. Letztendlich aber hat es in der Republik überall zu Schulentwicklungen geführt. Die gleichzeitige Kampagne in den Medien hat die Zustimmung zu Ganztagsschulen in der Bevölkerung wachsen lassen. Von einst 20 Prozent der Bevölkerung, die sich eine Ganztagsschule vorstellen konnten, ist die Quote in der Zwischenzeit auf 80 Prozent angewachsen.

Heute weiß man in Deutschland, dass der Schul- oder Bildungserfolg das Ergebnis eines langen und komplexen Prozesses ist. PISA zeigt die Bedeutung des familiären Hintergrundes für den Schulerfolg. In keinem Land der Welt hat er so große Auswirkungen auf den Bildungserfolg von Kindern wie in Deutschland. Er nimmt umso mehr zu, je mehr und besser einzelne Eltern ihre Kinder im System Schule unterstützen und das System diese Unterstützung einfordert. So fand PISA z. B. in allen Ländern relativ große Differenzen der Lesefähigkeit zwischen den besten und den schlechtesten Schülerinnen und Schülern. Aber in vielen Ländern konnten diese Differenzen durch das Bildungssystem gemildert werden. In Deutschland dagegen sind diese Differenzen weltweit die größten geblieben.

Ganztagsschulen bieten allen Kindern weitergehende Chancen

In einer rheinland-pfälzischen Mittelpunktschule unterhielt ich mich mit den Schülerinnen und Schülern über ihre Erfahrung mit dem Ganztagsbetrieb. Am Anfang hätten sie es gar nicht gut gefunden, dass sie nun den ganzen Tag in die Schule gehen sollten. Schließlich sei die Vorstellung, jetzt einen ganzen Tag in dieser fürchterlichen Schule zu sein, keine erfreuliche gewesen. Aber sie müssten feststellen, dass sich das Verhältnis zwischen Lehrern und Schülern deutlich verbessert habe. „Die Lehrer haben jetzt mehr Zeit, wir können auch mal Fragen stellen. Auch unsere Noten sind besser geworden und am Nachmittag müssen wir keine oder nur noch wenige Hausaufgaben machen. Wir haben uns jetzt entschieden, den Fachoberschulabschluss anzustreben, weil wir sehen, dass wir es mit mehr Hilfe schaffen können", erklärten mir einige.

Eine Schülerin berichtete, dass die kleinen Geschwister sie zuhause an den Hausaufgaben gehindert hätten. „Ich habe kein eigenes Zimmer und im Wohnzimmer oder in der Küche zu arbeiten, ist kaum möglich. Dort läuft der Fernseher und dort sind auch meine Brüder und Schwestern. Meine Eltern wollten mich erst nicht am Nachmittagsunterricht teilnehmen lassen, weil das Geld kostet. Aber jetzt hat die Schule die Eltern überredet und auch die Bezahlung geklärt. Ich gehe jetzt viel lieber in die Schule. Meine ganzen Freunde sind nachmittags dort; wir lernen nicht nur, sondern machen Sport und Musik oder Basteln. Ich spiele auch in einem Theaterstück mit. Das macht Spaß. Wir machen alles selber, nähen, Dekoration entwerfen und herstellen, Requisiten bauen, Bühnenbilder malen und eine Gruppe macht die Musik." Sie habe festgestellt, erzählte mir das junge Mädchen, dass ihr das Gestalten von Bühnenbildern sehr viel Freude bereite und sie hofft, in dieser Richtung einen Beruf zu finden.

Die Ganztagsschule ist eine Chance, allen Kindern Unterstützung, Förderung sowie eine umfassende Bildung zukommen zu lassen. Auch hier führen uns die anderen Länder der Welt vor, wie über Ganztagsschule eine Veränderung des Lernens, der Einstellung der Lehrerinnen und Lehrer möglich wird und Benachteiligungen aufgrund der Herkunft abgemildert werden können.

Es ist eigentlich völlig unverständlich, dass wir in Deutschland immer noch über die flächendeckende Einführungen von Ganztagsschulen diskutieren. Ganztagsschulen sind Schulen, die für

Kinder bessere Lernvoraussetzungen schaffen. Sie können und dürfen nicht nur Schulen für benachteiligte Schülerinnen und Schüler sein, denn so wirken Ganztagsschulen positiv diskriminierend. Die Ecke, aus der wir die Ganztagsschule in Deutschland endlich herausgeholt haben, nämlich eine Schule für Schmuddelkinder zu sein, wird mit Beschlüssen, sie vor allem an Hauptschulen oder in sozialen Brennpunkten einzurichten, konterkariert.

Ganztagsschule ist eine Schule für alle Kinder und Jugendlichen. Deshalb ist der Weg, den Hamburg gegangen ist, zunächst alle Gymnasien mit einem Ganztagsschulangebot auszustatten, der richtige gewesen. Nun folgen in Hamburg auch die anderen Schulen und gleichzeitig wird dort die Strukturfrage gestellt.

In anderen Bundesländern wird stattdessen für die Gymnasien die Ganztagsschule auf kaltem Wege eingeführt: Durch die Verkürzung der Schulzeit auf zwölf Jahre erhöht sich das Stundenangebot ab der 7. Klasse so, dass für viele Schülerinnen und Schüler Ganztagsunterricht anfällt, ohne dabei die Infrastruktur in den Schulen auszubauen oder eine andere Rhythmisierung des Tagesablaufs vorzunehmen. Bei dem in einigen Ländern geplanten gleichzeitigen Vorziehen der Einschulung bedeutet das, dass künftig bereits Neunjährige von ca. 7.15 Uhr bis 15 Uhr und länger – Fahrtzeiten eingerechnet – unterwegs sind. Das ist ein 8-Stunden-Tag – ohne Hausaufgaben! Solche Expansionen des Ganztags schaden der Idee mehr, als sie nützen. Und sie zeugen wieder einmal davon, dass Bildungspolitik nicht nur das Wohl der Kinder und Jugendlichen im Augen hat.

Was Ganztagsschulen besser können

Die vertrauensvolle Zusammenarbeit und Partnerschaft zwischen Elternhaus und Schule lässt sich weder durch Schulgesetze noch durch Schulordnungen oder Verwaltungsvorschriften wirklich verordnen. Sie muss sich in einem steten Miteinander von Eltern, Lehrkräften, Schülerinnen und Schülern entwickeln. Dazu braucht die Schule Zeit, Begegnungsräume und gegenseitiges Vertrauen. Die Zusammenarbeit von Elternhaus und Schule kann in einer Ganztagsschule neue Formen der Kooperationen und der Entlastung erfahren. Probleme, die sonst das Elternhaus alleine lösen musste, werden in der Schule gelöst. Gute Ganztagsschulen schaffen eine neue Form von Gelassenheit.

Unser kanadischer Austauschschüler Marc, der ein Jahr unser Gast war, berichtete über seine Wahrnehmung des deutschen Gymnasiums: „Der Unterricht ist teilweise interessanter gewesen als in Kanada. Aber leider habe ich keine Möglichkeiten gehabt, mich mit den Lehrern auszutauschen. Diese waren immer auf dem Sprung. Auch Treffpunkte oder gemeinsame Mahlzeiten konnte ich nicht so wie in Kanada nutzen, zum Beispiel, um Fragen zu klären. Ich habe mich in diesem System sehr alleine gefühlt." Wenn wir als Familie nicht nachmittäglich Unterstützung geboten hätten, dann wäre dieses Schuljahr in Deutschland fast umsonst gewesen. Was unser Gast aber gar nicht verstanden hatte, war, dass die Lehrer kein Interesse daran gezeigt hätten, sich mit den Schülern darüber auszutauschen, wie sie den Lerninhalt verstanden hätten, was sie davon mitnehmen würden, etc.

Ähnliches berichtete mir auch unsere mexikanische Austauschschülerin Maria, die in Mexiko auch eine deutsche Schule besucht. Oft saßen wir nachmittags zusammen und bereiteten die Hausaufgaben vor. Ein typisches Beispiel: Sie sollte in der Klasse 10 einen Lebenslauf schreiben. Im Unterricht hatte sie nicht verstanden, wie dieser aufgebaut sein sollte. In Mexiko wäre das anders, berichtete sie. Wenn man vormittags im Unterricht etwas nicht verstanden habe, so könne man hinterher oder nachmittags nachfragen und es sich erklären lassen.

Ganztagsschule ist eine staatliche Pflicht

Die Ganztagsschule kann den Anforderungen des Lernens besser entsprechen als eine Vormittagsschule. Sie sollte Normalität werden, damit in Deutschland die Bildungspotenziale der jungen Generation besser gefördert werden können. Idealerweise rhythmisiert die Ganztagsschule den Tagesablauf anders. Sie darf keine verlängerte Vormittagsschule mit nachmittäglicher Betreuung sein. Die derzeitige gesellschaftliche Diskussion neigt dazu, die Diskussion um Ganztagsschulen auf arbeitsmarkt- und familienpolitische Aspekte zu verkürzen. Was dabei zu kurz kommt, sind die Kinder und Jugendlichen, denen die Ganztagsschule bessere und umfassendere Bildungsmöglichkeiten bieten kann.

Ganztagsschule bedeutet, dass man Schule neu denken muss, als Lebensort für Kinder und Lehrerinnen und Lehrer sowie anderer Berufsgruppen. Die Diskussion um Ganztagsschule enthebt uns aber nicht der Pflicht, grundsätzlich über die Struktur des Schulsystems nachzudenken. Die politisch Handelnden glauben in Teilen, dass notwendige Reformen allein durch die Einführung von Ganztagsschulen auf den Weg gebracht werden können. Dem ist nicht so.

Eine Ganztagsschule kann mit sehr unterschiedlichen Zielen angelegt sein. Das beste Ziel ist, das Recht auf Bildung für Kinder und Jugendliche umfassend erfüllen zu wollen. Wenn sich Schule und Politik dem verpflichtet fühlen, dann können Ganztagsschulen einen echten Qualitätszuwachs für unser Bildungssystem bedeuten. Das setzt aber voraus, dass es zugleich eine öffentliche Debatte über Ziele der Bildung gibt. Diese aber fehlt in Deutschland. Bei allen Debatten um die Bildung sollten wir nicht außer Acht lassen, dass es nicht um die Wahrheit oder das bessere System geht, sondern um die Menschen.

Wenn dem Staat, so wie es in der deutschen Tradition üblich ist, die Aufgabe zukommt, das Bildungssystem zu gestalten, dann darf die Gestaltung nicht aus finanziellen Gründen eingeschränkt sein. Angesichts der dramatischen demografischen Entwicklung in Deutschland ist das Recht auf Bildung für Kinder zugleich die Garantie dafür, dass das Gesellschafts- und Wirtschaftssystem Deutschlands nicht gefährdet wird.

Mein Fazit:

Das tägliche Drama um die Hausaufgaben und die Diskussion um Ganztagsschulen hängen zusammen. Hausaufgaben sind nichts für Eltern, und die Halbtagsschule entspricht nicht den Anforderungen moderner Gesellschaften. Hausaufgaben in der heutigen Form zementieren zudem die sozialen Unterschiede.

Bildung und Wissensvermittlung sind heute so komplex und mit so neuen Ansprüchen an eine Bandbreite von Kompetenzen, an Persönlichkeitsbildung und Orientierungsfähigkeit gebunden, dass die gute alte Halbtagsschule mit einem „Nachschlag" Hausaufgaben am Nachmittag dem nicht mehr genügen kann.

Kapitel 8
Schule ist ein „closed shop"

Schule kann man riechen. Hinter ihren Mauern hat sich über Jahrzehnte eine eigene Duftnote festgesetzt. Manche nennen diese Duftnote „Schulmief". Schule schottet sich ab. Immer noch ist Schule heftig damit beschäftigt, die Frischluft nur in kleinen, verträglichen Dosen eindringen zu lassen. Die Zufuhr von zu viel Frischluft könnte schnell zur Verschnupfung etlicher professioneller Mitglieder der Schulgemeinde führen. Eindringende Eltern werden deshalb als Sturm wahrgenommen. Man bleibt gern unter sich, verriegelt die Türen und lässt Besuch nur nach vorheriger Anmeldung und Genehmigung zu. Da helfen auch keine landesweiten Programme wie „Öffnung von Schule" oder andere Initiativen, die das Leben in die Schule lassen sollen. Nachbarschaftliche Kontakte pflegt man nur vage, mit anderen Schulen wenig, am ehesten noch mit Schulen im Ausland. Deren Besuch kann man gut kontrollieren und sie bedeuten in der Regel keine Bedrohung, allenfalls Arbeit.

Seit Jahren versuchen die Eltern einer Schule, eine Regelung mit der Schulleitung darüber zu verabreden, wie sie in einzelnen Fällen am Unterricht ihrer Kinder teilnehmen können. Jedes Mal hat die Schule eine neue Ausrede. Ein geregeltes Verfahren lässt sich nicht absprechen und auch in Einzelfällen wird eine Verzögerungstaktik nach der anderen von der Schule praktiziert. Eltern sollen schlicht und einfach nicht dem Unterricht beiwohnen können. Die Regelungen dazu sind in den Bundesländern übrigens völlig unterschiedlich. In Baden-Württemberg z.B. ist es Eltern gar nicht erlaubt, am Unterricht teilzunehmen.

Als Eltern kennt man das Gefühl, welches einen beschleicht, wenn man seine Kinder in der Schule abgibt. Die Türen schließen sich. Es ist wie am ersten Schultag, man steht auf dem Schulhof, das Kind ist in der Klasse. Nach einer Dreiviertelstunde kommt es wieder nach draußen. Im übertragenen Sinne ändert sich bis zum Ende der Schulzeit nichts mehr an dieser Situation. Eltern erleben Schule überwiegend aus zweiter Hand. Indirekt, über die Erzählungen der Kinder. Für das direkte Schulerleben gibt es nur wenige Anlässe: Elternabende, Mitwirkungsgremien, Elternsprechtage, vielleicht mal eine Projektwoche mit Elternbeteiligung. Wenn man jedoch genau hinschaut: Auch Hausaufgaben sind ein Fenster in die Schule. Dazu habe ich in Kapitel 7 mehr gesagt.

Grundsätzlich aber gilt: Eltern lernen bald, dass die Schule sie eigentlich nicht brauchen will oder zumindest gern bestimmen möchte, wann und wie sie Elternbeteiligung zulassen möchte.

Das Leben bleibt draußen

Aber auch Kinder erleben, sobald sie in die Schule gehen, das Leben überwiegend aus zweiter Hand. Die Beziehung zur Außenwelt gestaltet sich schwierig. Das Leben kommt nicht in die Schule und die Schule kommt nicht zum Leben. Lernen für das Leben, nicht für die Schule – das glaubt bald niemand mehr.

Die Schule pflegt die Nachbarschaft wenig. Museen werden kaum aufgesucht, der Wald nicht untersucht. Ein Schulgarten ist nur in wenigen Schulen zu finden. Bedauerlich, denn: Wie viel mehr nehmen Kinder im Biologieunterricht mit, wenn sie an den Weiher gehen und Kaulquappen besichtigen, diese fangen und anschließend die Entwicklung zum Frosch beobachten, statt im Buch die entsprechenden Zeichnungen zu sehen. Lernen wird für Kinder und Jugendliche zu einem sterilen Begriff.

Der Schulmief legt sich über die Motivation und die Neugierde unserer Kinder. Landesprogramme, wie „Öffnung von Schule", versuchen, das Selbstverständnis von Schule aufzuweichen und Lernen im, mit und aus dem Umfeld attraktiv zu gestalten. Die Schulen, die dies praktizieren, weisen gute Erfolge auf, denn Motivation und Lernbereitschaft wachsen. Lernen wird als komplexer Prozess sichtbar. Doch kaum erschallt wie Donnerhall der Ruf „Unterricht ist zu erteilen", werden entsprechende Angebote von ängstlichen Schulen wieder ausgeblendet, weil suggeriert wird, Lernen ist etwas, das im Klassenraum, bei geschlossenen Türen, zu geschehen hat.

Je größer, komfortabler und moderner die Schulen werden, desto weniger findet das Leben Einzug in das Gebäude. Umso mehr haben auch Eltern Probleme, den Kontakt zur Schule zu halten. Die Organisation von Schule erfordert eben die Einhaltung von Regeln. Bei diesen Regeln spielen Eltern eine untergeordnete Rolle. In einem Gymnasium lautet die Anweisung: Eltern haben sich im Sekretariat anzumelden, bevor sie sich in der Schule bewegen. Schulordnungen von Schulen sind oftmals eine Ansammlung von kuriosen Vorschriften, die in ihrer Praktikabilität wenig Erfolg versprechend scheinen, jedoch eine Menge über das Selbstverständnis einer Schule aussagen.

Ein Schüler, der die Schule bis vor einem halben Jahr noch besucht hatte und dann mit seinen Eltern ins Ausland gegangen war, wollte im Rahmen eines Besuches bei seinen Großeltern die alte Schule besuchen. Also marschierte er morgens in die Schule. Seine ehemaligen Mitschülerinnen und Mitschüler freuten sich. Doch die Freude wehrte nicht lange, denn die Englischlehrerin, die auch seine alte Lehrerin war, verwies ihn der Klasse, da er nicht mehr dazugehörte.

Öffnung von Schule bedeutet, dass die Umgebung der Schule auch einen Platz erhält, dass zum Beispiel Nachbarn eingeladen werden und an Festen und Feiern teilnehmen. Ja, es gibt die Schulen, die genau dies praktizieren. Es gibt Schulen, die einen guten Kontakt zur Nachbarschaft haben, die mit den benachbarten Geschäften und Handwerksbetrieben, mit den Sportvereinen, der Musikschule, der Pfarrgemeinde, mit den Banken und Sparkassen Kontakte pflegen. Aber seien wir einmal ehrlich: Wie und wann nehmen diese Schulen an den Festen und Feiern ihrer Umgebung teil?

Nachbarschaft pflegen ist immer zweiseitig. Ich kenne die Angebote von Vereinen, mit Schulen zusammen zu arbeiten. Dies wollen Vereine allein schon deshalb, weil sie über die Schulen Nachwuchs rekrutieren können. Aber wie oft habe ich erfahren, dass Schulen sich dazu nicht bereit erklären, gerade im städtischen Raum, wo Lehrerinnen und Lehrer zum Umfeld der Schule oft keinen eigenen Bezug mehr haben.

Schule ist ein Teil des Gemeinwesens

Im angelsächsischen Raum wurde die Gefahr der Abschottung eher erkannt als bei uns. Bereits in den dreißiger Jahren forderte der amerikanische Philosoph und Pädagoge John Dewey (1859–1952) eine gründliche Durchlüftung und Demokratisierung der Schule. Sie habe sich als Teil des Gemeinwesens zu verstehen. Ihr Verhältnis zum Stadtteil, zur Nachbarschaft und zu den Eltern sei neu zu reflektieren. Englische Pädagogen prägten auch den Begriff der Community Education. In Deutschland errichtete der Pädagoge und Publizist Hartmut von Hentig 1974 nach Deweys Grundsätzen die Laborschule Bielefeld.

Als ich eine deutsche Auslandsschule in Argentinien besuchte, war ich von den Klassenräumen, die bis zum Boden und zum Flur hin verglast waren, total begeistert. Die Scheiben waren offen und man konnte in jeden Klassenraum hineinsehen und – natürlich – aus ihnen herausschauen. Endlich eine Schule, in der man sieht, was hinter den Türen geschieht. Der Schulleiter fand meine Reaktion recht amüsant. Denn sie war diametral entgegengesetzt zu den Reaktionen der deutschen Lehrerinnen und Lehrer. Diese versuchten zu Beginn ihres Einsatzes an dieser Schule immer, die Scheiben zu verschließen und stießen damit auf den Protest der Schülerinnen und Schüler sowie deren Eltern.

In Finnland und Kanada versteht sich die Schule ebenfalls als Teil der Community Education. Einerseits integriert sie Lernorte der Nachbarschaft in den Unterricht und in das Schulleben. Andererseits wird die Schule zum Stadtteiltreff. So sind die Ressourcen der Schule für die Menschen im Stadtteil verfügbar. Da gehört es zum Beispiel zum Bild einer »community school«, dass ein Rentner aus der Nachbarschaft die Schülerinnen und Schüler in den Umgang mit Angel und Köder einweist oder dass eine Seniorin Lesestunden übernimmt. Ebenso selbstverständlich gehört es zum Alltag der Schule, dass sich die Eltern des Stadtteils zum gemeinsamen Nähen und Kochen verabreden und die Bibliothek für Leseabende nutzen. Wer die Türen aufmacht, der muss Kontakte in beide Richtungen akzeptieren.

Community Education gehört auch bei uns zum ungeschriebenen Programm vieler Schulen. Eltern sind übrigens ein wesentlicher Teil der Community Education. Aber allein die Vorstellung, dass diese abends die Räume der Schule selbstständig und ohne Beaufsichtigung durch einen Lehrer nutzen würden, dürfte vielen Schulleiterinnen und Schulleitern schlaflose Nächte bereiten. Als emanzipierter Teil einer Communitiy verstehen sich eben Schulen zum überwiegenden Teil noch nicht. Sonst wären Elterncafés, Schülercafés, offene Klassentüren, Eltern als aktive Helfer in der Schule oder auch Seniorinnen und Senioren dort keine Ausnahme. Es bleibt: Nicht für die Schule lernen wir, sondern für das Leben. Aber wie bekommen wir das Leben in die Schule?

... wie der Teufel das Weihwasser

Ein Vater erzählte mir, wie schwierig es sei, an Informationen der Schule zu kommen, die ihm doch eigentlich zustünden. Seine Schule tat sich enorm schwer damit, die Ergebnisse von Gremiensitzungen in die Schulgemeinde hinein zu kommunizieren. Informationsdefizite sind ohnehin ein großes Manko an deutschen Schulen. Möglichst wenig, gut dosiert, nie zu viel und am besten nie mehr als nötig, so könnte der Wahlspruch vieler Schulen lauten.

So wollte der Vater wissen, was in der Schulkonferenz zu den Ergebnissen der Lernstandserhebungen besprochen worden sei. Die Schulleitung stellte sich auf den Standpunkt, dass dies die Eltern der Schule nichts anginge. An die Mitglieder der Schulkonferenz verfügte sie, dass niemand aus der geheimen Sitzung berichten dürfe. Der Eklat war absehbar. Die Eltern wollten die Protokolle einsehen. Dies verweigerte die Schulleitung ebenfalls.

Solche oder ähnliche Beispiele können viele Eltern erzählen. Etliche Schulen zeigen sich in der Regel nach außen völlig zugeknöpft. Die Bewahrung von Herrschaftswissen seitens der Schulleitungen ist oft ein Beweggrund für solches Verhalten. Der Kreis der Vertrauten wird möglichst klein gehalten, mit Informationen wird nicht offensiv umgegangen, Eltern werden gegeneinander ausgespielt. Viele Schulen meiden die Öffentlichkeit wie der Teufel das Weihwasser. Nur nicht zu viel über ihre Arbeit nach außen dringen lassen. Schulleitungen gebärden sich so, als wäre jede Schule ein Hochsicherheitstrakt, in dem es nationales Wissen zu sichern gelte.

Ein immer wieder diskutiertes Phänomen an den Schulen ist, dass die Post an die Mitwirkungsgremien nicht oder nicht rechtzeitig ankommt und die Informationspflicht, wie sie im Gesetz steht, dadurch unterlaufen wird. Die Folge ist: Weder die Eltern- noch die Schülervertretungen lassen sich über die Schuladresse zuverlässig erreichen. Im Zeitalter von Internet ist es schwieriger geworden, die Mitwirkungsberechtigten oder die einzelnen Eltern künstlich dumm zu halten. Dennoch gibt es erstaunliche Versuche.

Ich habe in meiner aktiven Zeit als Elternvertreterin teilweise Post an mich selber als Elternratsvorsitzende geschickt – mit erstaunlichen Ergebnissen. Zum Teil kam die Post gar nicht an, teilweise sehr verspätet. Aber ich habe auch das Gegenteil erlebt: einen Grundschulleiter, der mir die Post noch am selben Tag zustellte, wenn er sie meinen Kindern nicht mehr mitgeben konnte.

Die Art und Weise, wie offen, umfangreich und umfassend informiert wird, ist in der Regel ein guter Indikator dafür, wie ernst es die Schulleitung mit der Zusammenarbeit mit Eltern meint. In vielen Kollegien werden übrigens auch Lehrerinnen und Lehrer nicht besser durch die Schulleitung informiert. Wer sich nicht gewerkschaftlich organisiert, hat einfach das Nachsehen. Dies gilt auch für Eltern, die sich möglichst schnell aktiv einen eigenen Zugang zu Informationen schaffen sollten.

In einer Grundschule in Köln war es durch das Öffnen der Post an die Mitwirkungsgremien – neben vielen anderen Gründen – zu einem offenen Konflikt zwischen Eltern und Schulleitung gekommen. Unterschiedliche Auslegungen von Anordnungen, Desinformation im Lehrerkollegium sowie Halbwahrheiten, die von einer agilen Elternschaft sehr schnell hinterfragt und offengelegt wurden, führten zu einer Revolte der Eltern. Es kam dann zu einer Elternratssitzung, in der diese Probleme mit der Schulleitung besprochen werden sollten. Zu dieser Sitzung hatte sich die Schulleitung aus Angst vor den Eltern die Schulaufsicht zur Unterstützung geholt. Die Schulaufsicht versuchte, die Elternratssitzung zu dominieren und den Eltern das Zepter des Handelns aus der Hand zu nehmen. Über formale Ansätze und Verweise auf nicht aufgenommene Tagesordnungspunkte wurde versucht, die Sitzung ins Leere laufen zu lassen. Auf die eigentlich gestellten Fragen gab es nur unbefriedigende oder gar keine Antworten.

Als die Eltern schließlich einen Beschluss fassen wollten, der sich nicht aus der Tagesordnung ableiten ließ, brach die Schulaufsicht unter Verweis auf die Formalie die Abstimmung ab. Die Elternratsvorsitzende schloss darauf die Sitzung, komplimentierte die Schulaufsicht und die Schulleitung aus der Sitzung heraus und berief die Sitzung unter Festlegung einer neuen Tagesordnung für eine halbe Stunde später wieder ein. Damit konnte der Beschluss gefasst werden, den die Schulaufsicht und die Schulleitung verhindern wollten, nämlich die Presse von den Machenschaften in der Schule zu unterrichten.

Die Schulleitung dieser Schule hat am Ende des Konflikts, der sich über Monate hinzog und in dem sich auch die obere Schulaufsicht nicht mit Ruhm bekleckert hat, verloren: Die Geschichte endete damit, dass mehr als 130 Eltern ihre Kinder von der Schule abmeldeten. Damit war die Stelle der Schulleiterin weg, weil die Schule nicht mehr als eigenständige Schule geführt werden konnte.

Der Beitrag eines ausländischen Vaters aus der Gesamtelternversammlung wird mir ewig im Ohr bleiben: „Ich komme aus einem ande-

ren Ende der Welt. Ich bin hierher gekommen und war davon überzeugt, dass ich es mit einer zivilisierten und rechtsorientierten Gesellschaft zu tun habe, aber was ich erlebe, ist die reinste Bananenrepublik, in der sich die Mächtigen zusammenrotten und ihre Macht ausspielen, ohne auf die Vorfälle in dieser Schule überhaupt einzugehen und ohne die Rechte der Kinder und der Eltern zu beachten."

Eine Henne hackt der anderen kein Auge aus

Das, was dieser Vater als Korruption empfand, ist nichts anderes als ein an vielen Stellen zu beobachtendes Verhalten von Schulleitungen, Lehrerinnen und Lehrern sowie der Schulaufsicht, die sich gegen rebellierende Eltern zusammenschließen und die Probleme negieren. Konfliktmanagement wird nur an wenigen Schulen praktiziert. Dieses setzt ein hohes Maß an Reflexion des eigenen Handelns voraus und darin sind die Schulen bisher nicht gefordert gewesen. So versucht man, sich Konflikte lieber vom Hals zu halten. Der schlechte Ruf, den die deutschen Schulen in der Öffentlichkeit haben, resultiert nicht zuletzt aus dem von mir als „Hühnerhofmentalität" bezeichneten Grundverhalten der Lehrerschaft und der Schulbürokratie.

Gründe dafür sind mangelndes Vertrauen in die eigenen Fähigkeiten, fehlende Rückmeldungen und ein Stück von Realitätsverlust. Nur einzelne Lehrerinnen und Lehrer widersetzen sich in solchen Konflikten den für sie durchschaubaren Machenschaften. Sie bleiben die Ausnahme – und eigentlich müssten sie sich verantwortlich fühlen, das, was geschieht, transparent zu machen. Jedoch: Der Verlust der Zugehörigkeit zur Gruppe wiegt mehr als der Konflikt mit Eltern, die in der Regel nur temporär an der Schule sind.

Dies wird dadurch gestützt, dass diejenigen, die in der Schulaufsicht landen, in der Regel vorher Teil des Systems waren und sie sich mit den Schulleitungen, den Lehrerinnen und Lehrern zu Ungunsten der Schüler- und Elternschaft solidarisieren. Das Gebot der Neutralität, das die Schulaufsicht erfüllen soll, wird längst nicht immer in dem geforderten Umfang erreicht.

Schulinspektoren reisen durchs Land

Die beginnende Einführung der Schulinspektion in Deutschland soll die Schulaufsicht ablösen. Sie lässt hoffen, dass es einen Paradigmenwechsel geben wird. Die Schulinspektion ist ein System der externen Evaluation und hat zum Beispiel in Niedersachsen folgende Elemente:

▸ Analyse der Daten einer Schule,
▸ Evaluation des Unterrichts durch Unterrichtsbesuche (Unterrichtsbeobachtungsbögen),
▸ Interviews mit Schulleitung, Lehrkräften, Eltern, Schülerinnen und Schülern (Gesprächsleitfäden),
▸ Schulrundgang.

Schulleitungen sowie Lehrerinnen und Lehrer werden am Ende mehr Selbstvertrauen gewinnen, ihr eigenes Tun stärker reflektieren und dafür geradestehen müssen. Zunächst erzeugt dieses Vorhaben jedoch Angst. Angst vor Wahrheit, Angst davor, sich mit anderen messen zu müssen und Rückmeldungen zum eigenen Tun zu bekommen. Die Arbeitsgruppe Schulinspektionssystem in Niedersachsen weist in ihrem Abschlussbericht 2005 vorsorglich darauf hin, dass kein Ranking beabsichtigt sei und dass „die Schulinspektion … eine Evaluation der Schule und nicht eine einzelner Lehrkräfte" ist.

Bereits die Parallelarbeiten in den Klassen, die ein Stück Transparenz über die Arbeit der einzelnen Lehrerinnen und Lehrer geben sollten, haben bei diesen heftige Ängste ausgelöst. Ich kenne Pädagoginnen und Pädagogen, die die Aufgaben der Parallelarbeiten in den Stunden davor mit der Klasse geübt haben, damit die Ergebnisse ihrer Klasse nicht zu schlecht ausfielen. Ein Lehrerkollegium lebt von der Fiktion, dass alle seine Mitglieder gleich gut sind. Da jede und jeder eigentlich weiß, dass dies nicht stimmt, wird im Kreise der Kolleginnen und Kollegen eine reine Fiktion gelebt, die nach außen hin verteidigt wird. Gleichzeitig bedeutet dies, dass Angriffe von außen zu Angstreaktionen und gleichzeitig zu Solidarisierungen führen, die zwar nachvollziehbar, aber nicht akzeptabel sind.

Übrigens: Während andere Länder in der Welt die Schulinspektion bereits wieder abschaffen, sind wir in Deutschland noch auf diesen Zwischenschritt der Entwicklung angewiesen.

Eltern als Kristallisationspunkt der Angst

Eltern sind für Lehrerinnen und Lehrer Angstfaktor Nummer eins. Es gibt Eltern, die, wenn sie die Schule nur betreten, bereits Angst und Schrecken im Lehrerzimmer auslösen. Es gibt die militanten und unverschämten Eltern, die einer Schule viel Arbeit machen und in der Sache für ihre Kinder und die Schule nur kontraproduktiv sind. Es gibt Eltern, die immer nur stänkern, denen kein Lehrer etwas gut genug machen kann, die nur kritisieren und sich einer kritischen Sicht auf ihr Kind verschließen. Es gibt Eltern, die gar nicht kommen, nicht erreichbar sind, die die Schule in der Tat völlig allein lassen mit den Problemen, die sie mit zu verantworten haben. Es gibt Eltern, die über unendlich viel Zeit verfügen und die Schule ständig zu kontrollieren gedenken. Es gibt Eltern, die beständig Angst haben, die Schule könne ihr Kind nicht richtig unterweisen oder ihnen die falschen Werte vermitteln. Aber diese Fälle sind Gott sei Dank nicht die Regel. Die meisten Eltern wollen mit der Schule zum Wohle der Kinder zusammenarbeiten. Nur: Auch bei einer gut gemeinten Zusammenarbeit kann es zu Konfliktsituationen kommen.

Der Elternabend ist als Treffpunkt und zum Austausch von Informationen gedacht. Er ist ein Ort der Begegnung und des Kennenlernens. Von einer guten Elternarbeit hängen oftmals das Klima und die Vertrauenskultur ab, die man als Grundlage der Arbeit benötigt. Im Idealfall wächst durch die Elternarbeit Vertrauen und gegenseitige Verlässlichkeit. Elternabende sind für Lehrerinnen und Lehrer eine Pflichtveranstaltung. Sie erfreuen sich bei den meisten keiner großen Beliebtheit.

Elternabende sind nicht unproblematisch. (Mehr dazu lesen Sie in Kapitel 4.) Es gibt Lehrerinnen und Lehrer, die sich vor Elternabenden fürchten, die Beklemmungen bekommen, wenn sie wissen, dass ihnen bekannte Mütter die Schule betreten, in das Klassenzimmer kommen oder das Lehrerzimmer aufsuchen. Ich kenne Lehrerinnen, die sich für brisante Elternabende ein dunkelblaues Kostüm gekauft haben, um mehr Autorität auszustrahlen, weil sie hofften, damit den Konflikten begegnen zu können. Manche versuchen auch, die eigene Unzulänglichkeit mit besonders forschem Verhalten zu kompensieren oder zu überspielen; manchmal auch durchaus berechtigt: Es gibt impertinente Eltern, denen Lehrerinnen und Lehrer nicht gewachsen sind.

Lehrerinnen und Lehrer tun sich oft schwer damit, Eltern über ihre Arbeit Rechenschaft abzulegen. Die Anwesenheit anderer Erwachsener im Unterricht kennen sie fast nur aus Prüfungssituationen. Ansonsten werden sie bei ihrer Arbeit im wörtlichen Sinne allein gelassen. Lernfortschritt und Lernfreude ihrer Schülerinnen und Schüler sind die einzigen Kriterien, anhand derer sie die Qualität ihrer Arbeit kontrollieren können. Dass Kolleginnen gemeinsam unterrichten oder wechselseitig im Unterricht hospitieren, ist noch die Ausnahme. Sie sind deshalb oft recht unsicher, je nachdem, wie es in der eigenen Klasse gerade so läuft. Eltern, die dann zum Hospitieren kommen wollen, die Fragen stellen, die kritisieren, wirken deshalb noch bedrohlicher als Kollegen.

Nachdem unser Sohn in der achten Klasse einen neuen Englischlehrer bekommen hatte, brach in der Klasse das Chaos aus. Zum einen hatte er enorme Probleme, Disziplin herzustellen, zum anderen bekam er die Lerninhalte nicht vermittelt. Nachdem wir uns dies ein paar Wochen angeschaut hatten, rief ich die alte Englischlehrerin an und fragte sie, ob sie denn nicht einmal in einer Stunde des Kollegen hospitieren könnte oder den Kollegen an ihrem Unterricht teilnehmen lassen könnte. Die Reaktion war verblüffend: Sie könne sich nicht vorstellen, dass ein solches Angebot auch nur im Entferntesten angenommen würde. Vielmehr würde dies als Einmischung in den Unterricht angesehen.

Das Verhalten vieler Eltern den Lehrern gegenüber ist davon bestimmt, dass sie im Grunde Angst vor den Lehrern haben. Aber auch Lehrer haben Angst vor Eltern. Müsste es mit diesem Stand der Einsicht nicht möglich sein, sich gegenseitig klar zu machen, dass es unnötig und unpraktisch ist, wenn einer im anderen den Buhmann oder die Buhfrau sieht?

Veränderungen zeichnen sich ab

In der letzten Zeit beginnen mehr und mehr Schulen, die Sichtweise der Schülerinnen und Schüler zu bestimmten Aspekten der pädagogischen Arbeit einzuholen. So entwickelte die Lübecker Waldorfschule Parameter, nach denen die Kinder ihre Lehrerinnen und Lehrer beurteilen dürfen. Andere Schulen setzen diese Befragung ebenfalls um.

Dabei geht es um folgende Aspekte:

- ▸ Fachwissen
- ▸ Vermittlung/Lernfaktor
- ▸ Struktur des Unterrichts
- ▸ Vorbereitung von Klausuren und Prüfungen
- ▸ Motivierung/Atmosphäre
- ▸ Einfühlungsvermögen
- ▸ Dauer der Korrekturen von Arbeiten
- ▸ Humor

Interessant ist, dass bei der Auswertung einer Waldorfschule, die ich gesehen habe, das Fachwissen in der Regel hoch eingestuft wird, jedoch Defizite in der Struktur des Unterrichts, der Vermittlung, der Vorbereitung und der Motivierung gesehen werden. Die Ergebnisse, die die einzelnen Lehrerinnen und Lehrer erzielen, sind unterschiedlich. Sie zeigen Stärken und Schwächen.

Die Bertelsmannstiftung hat ebenfalls einen Fragebogen entworfen, mit dem Jugendliche und Eltern die Qualität der schulischen Arbeit bewerten dürfen.

Einige Schulen in Deutschland setzen diesen Bogen erfolgreich ein und benutzen die Ergebnisse für die konsequente Weiterentwicklung von Schulen.

Seit März 2006 führt Thüringen ein landesweites Projekt durch. Das Projekt „Schüler als Experten von Unterricht" ist ein Angebot im Internet-Schulportal der Länder Sachsen und Thüringen. Lehrerinnen und Lehrer können dort ihren Unterricht durch ihre eigenen Schülerinnen und Schüler einschätzen lassen. Anonymisierte Schülerbefragungen bieten die Chance, mehr über die Schülersicht zu erfahren. Ziel ist es, Lehrerinnen und Lehrern in Thüringen schnell und verlässlich eine Einschätzung der Qualität ihres Unterrichts zu verschaffen. Der Vorlauf zu diesem Projekt ging von Sachsen aus. Bereits im Jahr 2000 eröffnete das Land den Schulen die Möglichkeit, an einer solchen anonymen Fragebogenerhebung teilzunehmen. Zuvor hatten die Lehrerinnen und Lehrer die Möglichkeit, eine Selbsteinschätzung vorzunehmen, um diese anschließend mit den Fremdwahrnehmungen zu vergleichen.

Mein Fazit:

Lehrerinnen und Lehrer müssen darauf vorbereitet werden, transparenter zu arbeiten. Gleichzeitig müssen sie lernen, adäquat mit Konflikten umzugehen. Dazu gehört, die Sichtweise der Schule sachlich zu vertreten und auf den Unterricht bezogene Kritik von persönlicher Kritik zu unterscheiden. Zudem ist es wichtig, Schülerinnen und Schüler sowie deren Eltern als Partner zu schätzen und andere Partner als Bereicherung für die Arbeit wahrzunehmen und für die Arbeit einzufordern.

Kapitel 9
Der Lehrer muss neu gebildet werden

Vor dem Lehrerzimmer begegne ich dem Physiklehrer meiner Tochter. Kaum sieht er mich, beginnt er mir auch schon zu erzählen, wie furchtbar diese Schüler und Schülerinnen sind. Alles kleine Scheusale, die es nur auf die Lehrer abgesehen haben. Er könne sich etwas Besseres vorstellen, als diese Ungeheuer jeden Tag zu unterrichten. Ich bin konsterniert. Kann es nicht fassen, wie man so von Kindern oder Jugendlichen sprechen kann und erkläre ihm, dass er einen besonders schönen und privilegierten Beruf ausübe. Schließlich dürfe er die junge Generation unterrichten, das Beste, was eine Gesellschaft besitze. Zugleich habe er die Chance, diese junge Generation zu prägen, ihr Wissen und Werte mit auf den Weg zu geben. Zukünftige Leistungsträger dieser Gesellschaft würden heute in seinem Unterricht sitzen und sich später an ihn erinnern und Teile des bei ihm Gelernten zukünftig anwenden.

Von Freunden, die ebenfalls Lehrer sind, weiß ich, dass die Tonart im Lehrerzimmer noch deutlicher ist. Schülerinnen und Schüler sowie Eltern bekommen hier ihr Fett weg. Von der Würde des Kindes ist keine Rede und auch Eltern werden hier als Querulanten, als Einmischer, als unfähig zur Erziehung bezeichnet, werden als rücksichtslos oder anmaßend eingeschätzt. Die Fronten im Lehrerzimmer sind häufig fest definiert. Wohlwollen gegenüber der Gruppe, die den Arbeitsplatz der Lehrerinnen und Lehrer sichert, ist nicht unbedingt angesagt; zu sehr wird diese Gruppe als Bedrohung denn als Bereicherung gesehen.

An das Gespräch mit dem Physiklehrer meiner Tochter wurde ich erinnert, als mir eine pensionierte, kanadische Lehrerin erzählte, wie stolz sie sei, dass ihre ehemaligen Schülerinnen und Schüler sie heute immer noch hoch schätzten.

„Ich freue mich, welche tüchtigen Menschen aus meiner Schule hervorgegangen sind. Sie arbeiten in der Kommune und haben verantwortungsvolle Positionen inne. Ich habe diese jungen Menschen gerne unterrichtet, mich an ihnen erfreut und Entwicklungen und Fortschritte auch als meine Leistung gewertet. Als Lehrerin hat man eben einen großen Einfluss auf die jungen Menschen und damit eine große Verantwortung. Ich habe immer versucht, Schülerinnen und Schülern im Unterricht Raum zu geben, keinen „Buchunterricht" anzubieten und Anforderungen zu stellen. Ich habe mich immer für die Kinder und

Jugendlichen interessiert. Und ich freue mich, dass meine ehemaligen Schüler mir das heute noch zurückmelden. "

Diese kanadische Lehrerin genießt ein hohes Ansehen in ihrer Kommune und hat über ihre einstigen Schülerinnen und Schüler ein Netzwerk aufbauen können, das ihr bei ihrem ehrenamtlichen Engagement von großem Nutzen ist.

Lehrer sind Vorbild oder Zerrbild

Wenn ich mir diese beiden unterschiedlichen Welten vor Augen führe, dann verstehe ich nicht, warum viele Lehrerinnen und Lehrer in Deutschland ein anderes Bewusstsein haben als Lehrer in anderen, vergleichbaren Ländern. Sie haben einen direkten und intensiven Einfluss auf Kinder und Jugendliche. Sie sind Vorbild oder Zerrbild, Identifikationsfigur oder Wissensvermittler, sie können gehasst und verachtet oder schlicht mit Nichtbeachtung gestraft werden. Je tiefer das Misstrauen der Lehrer gegenüber den Schülern, umso schlechter das Verhältnis zwischen ihnen. Eine positive Einstellung zum Kind ist die Grundlage eines Vertrauensverhältnisses.

Ich kann mich noch an Elternabende in der Grundschule erinnern, als die Lehrerin mitteilte, dass bald die Aussagen und Meinungen von ihr für die Kinder wichtiger werden könnten als die der Eltern. Die Eltern mögen dies bitte nicht als Bedrohung auffassen, sondern als normale Entwicklung. Und so ist es auch gekommen: Die Kinder haben der Lehrerin vertraut, sie geliebt und vergöttert. Wenn Eltern solche Situationen erleben, wird auch von ihrer Seite den Lehrerinnen und Lehrern große Achtung entgegengebracht.

Die Ausbildung ist ein pädagogisches Notstandsgebiet

Derzeit wird oft gefordert, dass die Reputation der Lehrerinnen und Lehrer in Deutschland verbessert werden müsse. Das geschieht keineswegs nur von den Betroffenen selber, sondern ist auch bei bestimmten Politikern und manchen selbstzufriedenen Bürgern sehr beliebt. Weniger wird darüber gesprochen, ob die Ausbildung und die Arbeitsbedingungen von Lehrerinnen und Lehrern in Deutschland den tatsächlichen Erfordernissen und Gegebenheiten entsprechen, die in der heutigen Schulpraxis vorherrschen.

Seit nunmehr 25 Jahren fordert der Bundeselternrat, dass Lehrerinnen und Lehrer besser ausgebildet werden müssen. Neben und vor einer guten Ausbildung kommt es aber vor allem auf die Persönlichkeit und Eignung des Lehrers an. Gerade hierauf haben wir in den letzten Jahrzehnten nicht genügend geachtet.

Aus meiner Sicht müssen die Besten eines Jahrganges für die Schule gewonnen werden. Ich stelle mir ein Bewerbungsverfahren vor, in dem angehende Lehramtsstudentinnen und -studenten engagiert und überzeugend darlegen müssen, warum es ihnen ein Herzensanliegen ist, zu unterrichten und warum sie glauben, dazu befähigt zu sein. Nach einer intensiven Praxiszeit sollten sie sich unter Anleitung eines erfahrenen Lehrers noch einmal prüfen können, ob sie überzeugt sind, diesen stressigen Beruf – denn ein solcher ist er zweifellos – ausüben zu können. Die ersten zwei oder drei Berufsjahre sollten als eine Art Probezeit konzipiert sein, in der die Junglehrer von einem Mentor begleitet werden.

Gerade weil das Lehrerdasein heute wirklich anspruchsvoll und nervenaufreibend ist, sollte es selbstverständlich werden, den Beruf wechseln zu können. Mit 47 zu spüren „Ich kann nicht mehr" und dann noch 15 bis 20 Jahre vor sich zu haben – das ist Quälerei für Lehrerinnen und Lehrer sowie Schülerinnen und Schüler, Gift für ein Kollegium.

Eine Möglichkeit, solchen Missständen zu begegnen, wären modulare Ausbildungsgänge, die auch dem Lehrer eine Weiterqualifizierung im Laufe seines Berufslebens anbieten, um ein Um- oder Aussteigen zu realisieren. Unzureichendes Fachwissen, die Abschottung der Lehrämter untereinander, Lehrinhalte, die ohne Bezug zum Lehramt sind, Praktika als Alibiveranstaltungen, inhaltsleere Fachdidaktik, … Professor Dieter Timmerman, Direktor der Uni Bielefeld, kann ein Lied mit unzähligen Strophen über die Schwachstellen der derzeitigen Lehrerausbildung singen. In jedem Fall sind jedoch Praxis und Theorie – sinnvoll – zu verknüpfen.

Dass die Ausbildung der deutschen Lehrer ein pädagogisches Notstandsgebiet ist, wird seit den sechziger Jahren beklagt. Die künftigen Gymnasiallehrer studierten damals Germanistik oder Chemie ohne Vorbereitung auf den Lehrerberuf. Die Grund- und Volksschullehrer erwarben das Handwerk des Schulmeisters, meist ohne Kontakt zur Wissenschaft. Aber statt eine Ausbildung für Lehrerinnen und Lehrer mit Theorie und Praxis zu entwickeln, wurden die Pädagogischen Hochschulen von den Universitäten übernommen.

Zettelwirtschaft auf Elternabenden

20 Uhr, erster Elternabend 7. Klasse. Eltern sitzen auf den Stühlen im Klassenzimmer ihrer Kinder. Die Klasse ist nach der Fremdsprachenwahl neu zusammengesetzt, nur wenige kennen und unterhalten sich.

Die neue Klassenlehrerin, Frau Schmidt, vielleicht Mitte 50, sitzt vorne am Pult und kramt noch mit gebeugtem Kopf in einer großen, braunen Tasche. Plötzlich ruckt der Kopf hoch: „Müssen wir wählen? Ich glaube, wir müssen wählen, oder?" Ihr Kopf senkt sich zurück über die Tasche. Manche Eltern schauen sich amüsiert an, einige verdrehen die Augen. Alles schweigt. „Und wir fahren ins Landschulheim", dringt es aus der Tiefe. „Ich habe ihnen da mal was zu aufgeschrieben. – Gibt's hier allergische Kinder? – Aber – ich glaub, ich finde es nicht."

Frau Schmidt blickt hoch, streicht sich die Haare aus dem Gesicht und erklärt: „Es ist alles noch ganz neu, wissen Sie. Ich war schon lange nicht mehr in der Schule. Und jetzt ist auch noch mein Mann auf Klassenfahrt. Ich bin ganz allein, mit den Kindern und den Hunden, ja, und das Pferd muss auch versorgt werden ..." Sie seufzt, beugt sich ein weiteres Mal über die Tasche, kramt weiter. „Nein. Ich finde es nicht". Frau Schmidt schaut wieder hoch, schließt die Tasche und ruft: „Wir wählen jetzt erst einmal! Sie schlagen jemanden vor, und wer dafür ist, der meldet sich. Wer will denn freiwillig?" Überflüssig zu erwähnen, dass sich einige kundige Eltern fanden, die der Klassenlehrerin erklärten, wie in einem geordneten Betrieb wie einer Schule die Wahl von Elternvertretern ablaufen muss. Nämlich mit Stimmzetteln und geheim und protokolliertem Ergebnis.

Sie glauben nicht, dass es so etwas gibt? Sie denken vielleicht, eine Lehrerin, die länger – in diesem Fall über ein Jahr – aussetzen musste, könnte sich auf den ersten Elternabend besser vorbereiten? Oder sie könnte zur Begrüßung kurz erklären, dass sie sich in den Schulalltag erst wieder einfinden muss und deshalb um Verständnis bittet, dass ...? Oder – noch besser – sie hätte sich von einem geübten Kollegen ein paar Hinweise eingeholt und sich auf die Situation vorbereitet?

Diese Lehrerin entpuppte sich später als ausgesprochen liebenswerte und fähige Pädagogin, die ihre Aufgabe als Klassenlehrerin verantwortungsvoll und engagiert gestaltete. Der erste Eindruck und überhaupt mancher einzelne Eindruck gibt nicht immer ein zutreffendes Bild. Trotzdem: Begrüßung, Ansprache, Rhetorik, Konzept – das ist bei Elternabenden leider allzu oft Glückssache. In jeder anderen Berufsgruppe würde eine nachlässige Vorbereitung auf einen Auftritt vor Publikum so nicht akzeptiert werden.

Ich bin immer wieder fassungslos, wenn ich zum Beispiel bei solchen Abenden erlebe, dass Lehrer Eltern handgeschriebene oder schlecht kopierte Zettel in die Hand drücken, auf denen für Laien – und das sind Eltern ja zumeist – in Stichworten der Inhalt des Unterrichts für das kommende Halbjahr zusammengeschrieben wurde. Das kann dann für Biologie zum Beispiel so aussehen: Photosynthese – Sinnesphysiologie – Bewegungsphysiologie der Pflanzen – Plasmolyse – Osmose. Oder: Genkartierung – Karyogrammerstellung – Bakterien- und Phagengenetik.

In der achten oder neunten Jahrgangsstufe wurde vom Physiklehrer, der auf dem Rundgang durch die Klassen beim ersten Elternabend im Schuljahr auch unsere Klasse aufsuchte, lapidar mitgeteilt, wir nehmen das Ohmsche Gesetz durch. Eine interessierte Nachfrage einer Mutter, ob er dieses Gesetz bitte auch für die Eltern kurz erklären könne, endete in einem Fiasko. Er konnte es nicht und mein Mann sprang ein, um die Situation zu retten. Auf Fragen von Eltern sind Lehrerinnen und Lehrer bei diesem Abspulen von Lerninhalten oft nicht vorbereitet.

Noch kurioser wird es, wenn diese Lerninhalte auf Zetteln von einem Fachlehrer nur kurz in den Elternabend hereingereicht werden, dieser aber dann – „Ich geh' mal weiter in die anderen Klassen" – für Verständnisfragen nicht mehr zur Verfügung steht. Die Sache mit diesen Zetteln ist übrigens nach meiner Erfahrung nicht selten. Hinterher habe ich die Zettel dann immer für die Eltern der Klasse kopiert, damit sie wenigstens ein wenig wussten, was auf dem Lehrplan des nächsten halben Jahres steht.

Plasmolyse, Karyogrammerstellung, Phagengenetik, ... Wie kommen diese Begriffe bei den Eltern an? Die einen erinnern sich dunkel an den einen oder anderen Fachbegriff aus ihrer Schulzeit und fühlen sich schuldig, weil sie ihn nicht mehr erklären können. Andere können damit gar nichts anfangen, wissen aber, dass sie keine akademische Ausbildung genossen haben und schweigen daher lieber. Und dann gibt es natürlich immer noch die, die wissend nicken. Ich wette: Höchstens ein Viertel der Eltern im Klassenzimmer weiß wirklich, mit was sich ihre Kinder in den kommenden Monaten im Biologie-Unterricht beschäftigen.

Die Arbeitszeit ist zu hoch

Obwohl die geschilderten Beispiele keineswegs Ausnahmen sind, sind Lehrerinnen und Lehrer insgesamt sicherlich besser als ihr Ruf. Es liegt nicht nur an ihnen, dass sich ihr Image im Laufe der Jahrzehnte von Respektspersonen zu „faulen Säcken" (so das berühmte Zitat von Ex-Bundeskanzler Gerhard Schröder in seiner Amtszeit als Ministerpräsident von Niedersachsen in einem Schülerzeitungs-Interview) mit Burn-out-Syndromen gewandelt hat. Übrigens: Alleine die enorme Verbreitung dieses Zitats ist bemerkenswert.

2003 veröffentlichte die OECD die 500 Seiten umfassende Studie „Bildung auf einen Blick". Danach haben die deutschen Lehrerinnen und Lehrer im europäischen Vergleich die höchste Arbeitszeit, gleichzeitig sind sie die ältesten Kollegen. Auch beim Vergleich der Klassengrößen liegt Deutschland mit an der Spitze, entsprechend ist das Schüler-Lehrer-Verhältnis schlechter als im OECD-Durchschnitt. Da die Zahlen auf Erhebungen aus dem Jahr 2000 basieren, die Arbeitszeit der Lehrer ebenso wie die Klassengrößen seitdem jedoch erhöht wurden und Lehrereinstellungen aufgrund leerer Kassen nur zögerlich vorgenommen werden, können wir heute davon ausgehen, dass sich die Unterrichtsbedingungen noch weiter verschlechtert haben.

Im internationalen Vergleich bekommen die deutschen Lehrerinnen und Lehrer zwar ein sehr hohes Grundgehalt, wie im Übrigen alle deutschen Berufstätigen im internationalen Vergleich, aber keine arbeitsbezogenen oder leistungsbezogenen Zulagen. Andererseits werden Berufsanfänger recht schlecht bezahlt. Selbst das Institut der Deutschen Wirtschaft schlägt vor, über eine Erhöhung der Einstiegsgehälter nachzudenken.

Die hessische Werbeaktion „Hessen sucht Lehrer" zeigt, dass trotz aller Vorurteile über den gut bezahlten Halbtagsjob mit drei Monaten Urlaub das Image des Lehrerberufs so schlecht geworden ist, dass sich immer weniger Abiturienten den vermeintlich sicheren Traumjob zumuten wollen. Zumal jedem, der selber eine Schule besucht hat und mit offenen Augen die gesellschaftlichen Entwicklungen verfolgt, klar ist, dass die Universitäten nur höchst unzulänglich auf den Einsatz im Klassenzimmer vorbereiten.

Und wieder ein Blick nach Finnland und Schweden

Dass die Lehrerausbildung in Deutschland reformiert werden muss, ist nicht nur an Stammtischen, sondern auch in der Bildungspolitik Konsens. Nur: In welche Richtung sollen wir die künftigen Pädagogen unserer Enkel – früher werden wir keine nennenswerten Veränderungen spüren – bilden? Auch hier hilft, wie ich meine, ein Blick in skandinavische Länder.

Es fängt schon damit an, dass in Finnland nicht jede oder jeder Lehrerin oder Lehrer werden kann. Die finnischen Universitäten wählen sorgsam aus und entscheiden sich für die besten Bewerberinnen und Bewerber. In einer Eignungsprüfung werden vor allem die sozialen und kommunikativen Kompetenzen der angehenden Pädagogen hinterfragt. Sie müssen sich darüber klar werden: Kann ich mit Kindern und Jugendlichen umgehen? Bin ich in der Lage, Kinder zu motivieren und anzuleiten? Kann ich diesen Krach ertragen? Neun von zehn Bewerberinnen und Bewerbern werden abgelehnt! Die Frage, die jedem zukünftigen Lehrer dort gestellt wird, lautet, ob er Kinder mag. Dies ist ein Grundprinzip für die Auswahl.

Wer an der Pädagogischen Hochschule Stockholm studiert, lernt während der Ausbildung nicht nur den Schulalltag kennen, sondern auch das Sozialamt, die Polizei und das Jugendamt. Schließlich, so die Überzeugung der Schweden, ist Schule ein Teil der Gesellschaft und Lehrerinnen und Lehrer können ihre Aufgabe nur dann verstehen, wenn sie auch andere Teile der Gesellschaft verstehen. Und weil sich Schule und alle, die dort arbeiten, als Teil der Gesellschaft verstehen, stellt man nicht die Eltern an den Pranger und klagt und jammert über das veränderte Aufwachsen von Kindern, sondern verändert sich mit.

Nach meiner Auffassung sind Lehrerinnen und Lehrer wie andere Berufstätige auch gefordert, ihren beruflichen Auftrag in regelmäßigen Abständen zu reflektieren und neu zu bestimmen. Die Fähigkeit zur Wahrnehmung gesellschaftlicher Veränderungen und das eigenverantwortliche Reagieren in der beruflichen Praxis können dabei nicht auf die Anwendung von Power Point statt Overheadfolien beschränkt bleiben.

Auch finnische Lehrerinnen und Lehrer haben mit überforderten Eltern zu tun, mit auffälligen Schülerinnen und Schülern. Doch die gezielte Förderung von einzelnen Jugendlichen, die Beratung von Eltern, die Intervention einer Psychologin oder eines Psychologen, die Therapie durch Heilpädagog/innen, auch Ernährungs- und Gesundheitsberatung – dies alles findet in der Schule statt, wird in einem Team von Spezialisten besprochen und zugeordnet. Lehrer und Lehrerinnen werden dort nicht alleingelassen.

Auch ein Blick in die Independent Bonn International School (IBIS) macht deutlich, dass die Aufgaben der Schulen sich an den Bedürfnissen von Kindern und Jugendlichen orientieren müssen. Es geht nicht darum, zu beklagen, dass sich doch alles geändert habe, sondern darum festzustellen, was Kinder und Jugendliche benötigen, um unter den heutigen Bedingungen erfolgreich zu lernen. Eine erfolgreiche Schule wird sich darauf einstellen und alles daran setzen, die Schule adressatengerecht zu gestalten, ohne das Niveau zu senken.

Lehrer müssen die Zusammenarbeit mit Eltern lernen

Als Elternvertreterin habe ich an etlichen so genannten „schulscharfen Einstellungen" von Lehrerinnen und Lehrern in der Schule teilgenommen. Dabei werden die Pädagoginnen und Pädagogen der Schule nicht von der Behörde zugewiesen, sondern die Schule schreibt die Stelle aus und besetzt sie im Wesentlichen eigenverantwortlich. Eine meiner Standardfragen bei jungen wie erfahrenen Bewerberinnen und Bewerber, auf die ich an anderer Stelle auch eingegangen bin, war immer: „Wie stellen Sie sich die Elternarbeit an unserer Schule vor?" Die Standardantwort lautete: „Ich werde Elternabende abhalten und ich werde den Elternsprechtag durchführen." Andere Vorstellungen von Elternarbeit gab es nach einem acht- bis zehnsemestrigen Studium sowie einer Referendarausbildung in der Regel nicht. Manche meinten bedauernd, dass sie zur Elternarbeit in ihrem Studium nichts gelernt hätten, was den Tatsachen entspricht.

Welche Bedeutung die Zusammenarbeit mit den Eltern für den Schulerfolg der Kinder hat, dass ein regelmäßiger Austausch über und mit dem Kind gemeinsam wichtig ist, davon gibt es kaum eine Vorstellung. Beratung von Eltern fällt Lehrern maximal noch ein, wenn es darum geht, Eltern davon zu überzeugen, dass man das Gymnasium besser verlässt, weil die Schulleistungen nicht ausreichend sind, oder dass eine Nachhilfe zur Stabilisierung der Schulleistungen erforderlich wäre.

Die Schule ist mit den Leistungen eines Schülers unzufrieden. Es findet ein Gespräch zwischen den Eltern, dem Schüler und der Mathematiklehrerin statt, in dem die Lehrerin dem Schüler erklärt, dass er dumm sei und die Anforderungen dieser Schule nicht erfüllen werde. Er sei auf den falschen Zug aufgesprungen, seine Leistungen seien nicht ausreichend und würden dies auch nie werden. Man gehe davon aus, dass er in der falschen Schulform sei.

Der Schüler besuchte die Schule schon seit sechs Jahren ohne Probleme. Als der Vater sich in das Gespräch einschaltet, weil er bemerkt, dass sein Sohn kurz davor ist, zu weinen, bittet er darum, das Gespräch sachlich, an konkreten Sachverhalten orientiert, fortzusetzen. Die Reaktion der Lehrerin: „Sie sollten sich lieber aus dem Gespräch heraushalten, denn ihre Einwände sind nicht hilfreich. Ich versuche gerade, ihren Sohn auf die richtige Schiene zu setzen."

Weder Gesprächsführung, Methoden der Beratung und Hilfe noch die Notwendigkeit, mit den Eltern einen regelmäßigen Austausch über die Entwicklung des Kindes zu pflegen, haben Lehrer gelernt. Oft verfallen sie im Umgang in eine arrogante oder hilflose Art der Kommunikation, die weder für das Kind noch für den Umgang mit den Eltern sinnvoll ist. Mangelnde Professionalität im Umgang mit den Eltern führt schnell zu Missverständnissen, Fehleinschätzungen, Empfindlichkeiten, Voreingenommenheit auf beiden Seiten usw. Sich selbst in Frage zu stellen, sein eigenes Handeln zu reflektieren und sich Hilfe zu holen, haben Lehrerinnen und Lehrer nicht gelernt. Zu oft ermöglichen sie es den Eltern gar nicht, in ein Gespräch einzutreten, das die jeweilige Situation für das Kind und für die Schule erhellen könnte.

In einem anderen Fall wurde eine Schülerin seit Monaten an der Schule gemobbt. Die Eltern hatten die Schulleitung und die Klassenlehrerin bereits mehrfach auf die in der Zwischenzeit unerträglichen Angriffe auf ihre Tochter aufmerksam gemacht. Die Tochter, die eine gute Schülerin gewesen war, ließ in den Leistungen nach, wollte nicht mehr zur Schule gehen und sah insbesondere keinen Ausweg, den offenen oder unterschwelligen Angriffen einer Mitschülerin zu entkommen. Schließlich unternahmen die Eltern einen erneuten Versuch, mit der Schule ins Gespräch zu kommen. Dieser wurde von der Klassenlehrerin so kommentiert: „Wollen sie mir vielleicht vorschreiben, wie ich die Mitschülerinnen ihrer Tochter zu sehen habe? Ihre Einschätzungen interessieren mich nicht."

Und noch ein drittes Beispiel:

Ein Vater berichtete mir, dass seine Tochter nach einem Selbstmord-versuch – die Eltern lebten in Scheidung – nun mit Hilfe der Klinik wieder in einer normalen Schule unterrichtet werden konnte. Da die Schülerin über etliche Monate gefehlt und zudem die Schule gewech-selt hatte, war die Stabilisierung in einzelnen Fächern nicht einfach. Trotzdem war der Neustart ganz gut gelungen, lediglich in Französisch gab es Probleme. Mehrere Gespräche hatte man bereits erfolglos mit dem Französischlehrer geführt. Nachdem nun eine Arbeit mit der Note Fünf zurückgegeben worden war, wollte der Vater mit seiner Tochter zusammen erneut das Gespräch mit dem Lehrer suchen. Der Lehrer ließ mitteilen, erstens interessiere er sich nicht für die Probleme seiner Schüler und zweitens habe er gar kein Interesse, auf die Schülerin in irgendeiner Weise Rücksicht zu nehmen, denn labile Schüler könne er ohnehin nicht leiden.

Da Lehrerinnen und Lehrer zu solchen Gesprächen in den meisten Fällen auch keine professionelle Hilfe mitnehmen können, enden viele Gespräche wenig Ziel führend. Elternarbeit ist aber eine we-sentliche Säule für den schulischen Erfolg von Kindern. Das ist an vorstehenden Beispielen unmittelbar zu erkennen. Oder ist hier vor-stellbar, dass auch ohne Abstimmung mit den Eltern eine gedeih-liche Entwicklung der Schüler erreicht werden könnte? Deshalb müssen Lehrerinnen und Lehrer auch auf solche Anforderungen vorbereitet werden. Meines Erachtens sind diese Aufgaben sogar so wichtig, dass sie als Bestandteil der Lehrerarbeitszeit ausgewie-sen werden müssen, wie es uns andere Länder vormachen. Keine zusätzliche Mathestunde kann für den Lernerfolg so wichtig sein wie regelmäßige konstruktive Elterngespräche.

Lehrerinnen und Lehrer
haben eine gesellschaftliche Verantwortung

Lehrerinnen und Lehrer sollen vor allem unterrichten. Aber das geht nicht ohne Berücksichtigung der gesellschaftlichen Rahmen-bedingungen. Und die ändern sich schneller als uns lieb ist und vielleicht nicht immer in eine Richtung, die jedem behagt – aber wir können die Zeit nicht anhalten und schon gar nicht zurückdrehen.

Faktenwissen ist oft auch träges Wissen. Es veraltet je nach Fachrichtung in beachtlichem Tempo. Lehrerinnen und Lehrer müssen deshalb neben dem Erwerb ihrer Fachqualifikation vor allem dazu ausgebildet werden, Lernen bei Schülerinnen und Schülern zu initiieren und zu organisieren, Lernprozesse zu unterstützen, zu moderieren und zu ermöglichen.

Wie Schule hat sich auch der Lehrerberuf in seiner heutigen Form im 19. Jahrhundert entwickelt. Es ging darum, eine Grundbildung zu vermitteln und auf die Erfüllung staatsbürgerlicher Pflichten zu dringen. Das Gymnasium sollte außerdem auf akademische Studien vorbereiten. Was damals gut und richtig war, reicht fast 200 Jahre später nicht mehr aus. Heute muss es Aufgabe von Pädagogen sein, Jugendliche beim Erwerb von kognitiven, emotionalen und sozialen Kompetenzen anzuleiten und zu unterstützen. Es geht nicht mehr nur vorrangig darum, auswendig zu lernen, sondern junge Menschen auch dazu zu bringen, sich in der Wissensgesellschaft kompetent zu bewegen, zu verstehen, Gelerntes anzuwenden.

Dazu sind neben abfragbarem Wissen auch Werte, Kreativität, Risikobereitschaft, sowie ein demokratisches und gerechtes Bewusstsein erforderlich.

Dabei kann Schule heute nicht mehr auf ganz bestimmte, allgemein akzeptierte und im Elternhaus erworbene Vorkenntnisse aufbauen. Das kann man bedauern, aber es ist so. Kinder werden in ihren Voraussetzungen, mit denen sie in die Schule kommen, in dem Maß heterogener, in dem unsere Lebensformen, Lebensbiografien, unsere Wertvorstellungen vielfältiger geworden sind. Schule ist ein Abbild der Gesellschaft. Wie könnte es auch anders sein?

Die verunsichernden und Existenz bedrohenden Umbrüche am Arbeitsmarkt, die Krise der Sozialversicherungssysteme, die neuen Formen der Armut, die Anforderungen an die Flexibilität und Mobilität der Familien prägen heute das Aufwachsen junger Menschen. Der hohe Anteil von Familien mit einem fremden kulturellen Hintergrund kann nicht einfach ignoriert werden. Wer kann ernsthaft annehmen oder gar fordern, dass dies keine Auswirkungen auf Schule und Lernen, also auch auf den Beruf der Lehrerin und des Lehrers, haben darf?

Der 11. Kinder- und Jugendbericht des Deutschen Jugendinstitutes (2002) stand unter dem Motto „Aufwachsen in öffentlicher Verantwortung". Die Fachleute fordern, nachhaltig förderliche Bedingungen für die Bildung und das Aufwachsen von Kindern zu schaffen. Sie fordern dies vor dem Hintergrund der demografischen

Entwicklung und der immer komplexer werdenden Anforderungen an die Bewältigung des Alltags. Verantwortlich für das Aufwachsen von Kindern seien längst nicht mehr nur die Eltern, sondern ebenso Staat und Gesellschaft. Da Lehrerinnen und Lehrer insoweit ein herausragender Teil der Gesellschaft sind und als Beamte sogar zum Staatsdienst gehören, müssen sie diese Verantwortung neben der Vermittlung von Fachwissen ernsthaft im Blick haben.

Lernen und Erziehung gehören zusammen

Lernen ist kein von Emotionen und Lebenslage abgekoppelter Prozess. Das wissen wir heute und müssen uns fragen: Ist Lernen nicht immer auch mit Erziehung verbunden? Lehrpersonen sind Erzieher, ob sie wollen oder nicht. Und deshalb ist es so fatal, dass sie häufig nicht begreifen, dass Gereiztheit, Unbeherrschtheit, Lustlosigkeit, Respektlosigkeit schädlich sind. Schädlich für den Kontext, in dem Schülerinnen und Schüler lernen, für die Beziehung zwischen Lehrperson und Kind und ebenso für die Entwicklung der Persönlichkeit der Kinder und Jugendlichen.

Ich wundere mich im Übrigen, wie oft heute mit Nachdruck gefordert wird, dass Schule auch erziehen muss. Wer stellt denn das eigentlich ernsthaft in Frage? Die Eltern jedenfalls ganz überwiegend nicht. Der Bundeselternrat fordert seit Jahren in seinen Resolutionen den Erziehungsauftrag der Schulen ein.

Die pädagogische Freiheit des einzelnen Lehrers ist groß. Umso größer ist seine Verantwortung für das, was im Unterricht passiert. Aber die Lehrerinnen und Lehrer in Deutschland müssten ja nicht alles allein machen. Wir haben Heerscharen von weiteren pädagogischen und psychologischen Professionen, von Managern und Kommunikationswissenschaftlern, ein dichtes Netz von Nachhilfeinstitutionen, die mit modernen Methoden und individuellen Hilfen vieles besser machen könnten als Mathelehrer X an Schule Y alleine es kann.

Lehrerinnen und Lehrer sollen unterrichten. Sie sollen gut unterrichten und sie sollen Ruhe haben für Vorbereitung, Nachbereitung und Durchführung ihres Unterrichts. Aber sie sollen nicht die Tür zumachen! Sie sollen fähig werden, sich auszutauschen. Sie sollen lernen, mit innovativen Kolleginnen und Kollegen oder anderen Professionen individuelle Lernvorgänge für alle Schülerinnen und Schüler, speziell auch für besonders begabte, schwächere oder zeitweise belastete, zu entwickeln. Sie sollen ihre Arbeitszeit in der Schule verbringen und nicht um 13.20 Uhr in ihr Eigenheim im Grünen flüchten. Und: Sie sollen sich für die Entwicklung der gesamten Schülerpersönlichkeit mitverantwortlich fühlen, nicht nur dafür, ob Schülerin X verstanden hat, wie eine Nacherzählung aufgebaut wird.

An dieser Stelle möchte ich betonen, dass ich Lehrerinnen und Lehrern an Haupt- und Förderschulen meinen besonderen Respekt zolle. Sie gehören neben vielen Kindern und Jugendlichen auch zu den Leidtragenden des verkopften akademischen Ausbildungssystems. Lehrerinnen und Lehrer sind in der Regel im System Schule auf sich selber gestellt. Sie erfahren zu wenig Unterstützung und Hilfe. Multiprofessionelle Teams sind in Deutschland unüblich und allein deshalb oft nicht gewollt.

Das System ist nichts ohne die Menschen in ihm

Was brauchen Lehrerinnen und Lehrer nun, um unter den Bedingungen des 21. Jahrhunderts erfolgreich unterrichten zu können und Schule im Sinne eines erfolgreichen Lernens organisieren zu können? Über welche Eigenschaften und Fähigkeiten müssen sie verfügen? Nach meiner Beobachtung und Kenntnis sind dies Folgende:

▸ Psychologische Kompetenz und Kenntnisse der Hirn- und Lernforschung, auch um zu verstehen, dass Lernen immer in einem emotionalen Kontext stattfindet.
▸ Unterrichtsstrategien, in denen „Fehler" kein Anlass für Sanktionen oder Schuldzuweisungen sind, sondern als Hinweise verstanden werden, wo und wie weitergearbeitet werden kann.
▸ Das Beherrschen diagnostischer Verfahren, um sowohl sich selbst als auch die Wirksamkeit von Lernprozessen zu überprüfen.
▸ Am Einzelnen orientierte Bezugsnormen der Leistungsbewertung. Nur so macht die Beurteilung von Lernen überhaupt Sinn.
▸ Die Bereitschaft, sich selbst evaluieren zu lassen und aus den Ergebnissen zu lernen.
▸ Die Fähigkeit, im Team zu arbeiten und teamorientiert zu denken.

- Teamorientierte Diagnosefähigkeit.
- Die Fähigkeit, junge Menschen in ihrer Unterschiedlichkeit wahrzunehmen und differenzierte Lehr- und Lernformen einzusetzen.
- Die persönliche Souveränität, Eltern als Erziehungspartner in die Arbeit der Schule einzubeziehen, gemeinsame Erziehungsziele abzusprechen und Unterrichtsmethoden für Eltern, Schülerinnen und Schüler transparent zu machen.
- Erfahrungen aus verschiedenen Schulen. Vom Studium in die Schule, um dort alt zu werden, das entspricht nicht der notwendigen Bereitschaft für ein lebensbegleitendes Lernen.
- Und nicht zuletzt: Relevante Fachkenntnisse und adäquate Methoden.

Seit PISA wird Vieles neu gedacht. Aber auch davor, in den sechziger, siebziger und achtziger Jahren, stand unser Bildungssystem immer wieder auf dem Prüfstand, gab es Veränderungen, Reformen und Reförmchen. Dass bisher der „große Wurf" ausblieb, ist an anderer Stelle bereits ausführlich dargelegt. Hier möchte ich festhalten: Möglicherweise haben wir uns zu viel mit dem System beschäftigt, uns an ihm gerieben, und haben dabei die Akteure, die Lehrerinnen und Lehrer, aus dem Auge verloren. Aber sie sind es ja, die guten oder schlechten Unterricht machen, die gut- oder schlechtgelaunt auf Kinder eingehen, die motiviert sind oder resigniert haben, die „anöden" oder für Lernen begeistern.

Mein Appell an die Kultusministerinnen und Kultusminister der Länder: Kümmern Sie sich um die Lehrerausbildung und um die Mitarbeiterinnen und Mitarbeiter in den Schulen. Machen Sie sie fit für den anstrengenden Beruf. Geben Sie ihnen alle Hilfen, Professionen und Instrumente an die Hand, die sie brauchen, und – lassen Sie sie ein paar Jahre mit neuen Verordnungen in Ruhe.

Schulleitung: Das Bewerberfeld ist übersichtlich

Die Qualifikation der Lehrer und deren Arbeitsbedingungen sind grundlegend für ein erfolgreiches Bildungssystem. Oder, um noch einmal auf die OECD-Studie zu kommen: „Die Fähigkeit, hoch qualifizierte Lehrer einzustellen und dauerhaft zu binden, ist einer der zentralen schulpolitischen Aspekte, der entscheidenden Einfluss auf die Bildungsqualität hat." Aber gebt jeder Schule auch wirklich gute, mit Managerqualitäten ausgestattete Schulleiterinnen und Schulleiter, die in der Lage sind, die Prozesse in der Schule zu steuern und ein Klima der Leistungsbereitschaft und der Anerkennung zu ermöglichen.

Gute Lehrerinnen und Lehrer sind nicht automatisch gute Schulleiterinnen und Schulleiter. Dennoch hängt die Entwicklung einer guten Schule von nichts so ab wie von den Persönlichkeiten an der Spitze. Gute und bemerkenswerte Schulen in Deutschland zeichnen sich durch profilierte Schulleitungen aus. Ob es sich um die Bodenseeschule, die Helene-Lange-Schule, um die Laborschule Bielefeld oder die Gesamtschule Bonn-Beuel handelt, nichts prägt das Klima, die Atmosphäre, die Innovation, die Lernkultur und das Miteinander mehr als die Schulleiterin oder der Schulleiter. Die Wahl einer guten Schulleitung ist deshalb Voraussetzung für jede positive Schulentwicklung.

Nicht zuletzt vor diesem Hintergrund ist der Weg, Schulleiter auf Zeit zu berufen, richtig. Denn falsche Weichenstellungen können zumindest nach fünf oder acht Jahren wieder korrigiert werden. Andererseits ist zu befürchten, dass die Funktion auf Zeit das Bewerberfeld nicht vergrößert. Es sei denn, es werden weitergehende finanzielle Anreize sowie Aufstiegsmöglichkeiten für Schulleiter geschaffen. Dies wäre also wünschenswert, denn es gibt nicht mehr genügend Menschen, die diese Tätigkeit ausüben wollen. An Brennpunktschulen oder kleineren Schulen finden sich immer häufiger keine Bewerberinnen und Bewerber mehr. Viele Schulleiterstellen bleiben oft monatelang unbesetzt, auch die an gut aufgestellten Schulen.

Der Job von Schulleiterinnen und Schulleitern wird immer anspruchvoller und schwieriger. Die Anforderungen wachsen noch einmal in besonderem Maße durch die Aufgaben, die Schulleitungen in immer selbstständigeren Schulen übernehmen müssen. Die Bedeutung von Schulen für die Zukunftsfähigkeit unseres Landes erfordert, dass besonders gute und fähige Personen die Leitung übernehmen, um ein Krisenmanagement zu leisten, Entwicklungsprozesse zu ermöglichen und Bildung für die junge Generation verantwortlich zu gestalten. Stattdessen leistet sich unsere Gesellschaft Schulen ohne Schulleitungen oder mit nicht ausreichend qualifizierten Personen besetzte Schulleiterstellen.

Wenn Volkswagen oder Daimler-Chrysler in einer tiefen Wirtschaft-krise stecken, suchen sich diese Firmen Persönlichkeiten, denen sie die notwendigen Veränderungen zutrauen. Diesen wird dann ein Erfolgsgehalt gezahlt. Nicht so an unseren Schulen. Dort schreiben die deutschen Kultusminister in ihren Amtsblättern die Stellen aus, die mit geringfügigen Zulagen versehen sind, und wundern sich, dass das Bewerberfeld meist äußerst übersichtlich bleibt.

Wir brauchen einen Führungskräftenachwuchs

Die Schule im Rheingau war ohnehin schon gebeutelt. Über Jahre hatte die Schulleitung sich nicht um die Schule gekümmert und wenn doch, kamen Fehlentscheidungen oder unsachgemäße Entscheidun-gen dabei heraus. Nebenbei waren auch noch Gelder aus dem För-derverein verschwunden und niemand wusste, wo diese geblieben waren. Die Mitwirkungsrechte der Lehrerinnen und Lehrer, der Eltern, Schülerinnen und Schüler wurden geradezu mit Füßen getreten. Den-noch sah die Schulaufsicht sich erst in der Lage zu intervenieren, als eine Strafsache anhängig wurde. Die Schulleiterin wurde nach einem jahrelangen Kampf mit Eltern, Lehrerinnen und Lehrern ihres Amtes enthoben.

Die Mitglieder der Schule atmeten auf. Doch nicht lange, so wurde die Schule mit einem so genannten Unterbringungsfall in der Schul-leitung ausgestattet. Der Mann konnte sich gut verkaufen, zeigte sich wortgewaltig innovativ, schaffte es aber nicht, sein äußeres Profil mit der inneren Führung in Einklang zu bekommen. Eigenmächtiges Vorgehen gegenüber den Eltern und Ausspielen des Kollegiums untereinander ließen die Stimmung wieder kippen. Es wurden keine Informationen mehr zur Verfügung gestellt. Auf Vandalismus an der Schule reagierte er mehr als sonderbar, indem er z. B. die Toilettentüren einfach aus-hängen ließ. Nach dem Motto: Wer öffentlich auf die Toilette gehen muss, demoliert auch das Klo nicht. Einige Lehrerinnen und Lehrer begannen, sich mit den Eltern zu solidarisieren. Die Anmeldezahlen an der Schule waren stark rückläufig. Gespräche mit der Schulaufsicht blieben sinnlos, zwecklos, ergebnislos.

Dann wurde festgestellt, dass an der Schule mit Rauschgift gehan-delt wurde. Die Eltern wurden von der Schulleitung gebeten, dies nicht an die Öffentlichkeit zu geben. Tatsächlich war dieser Befund aber be-reits am ersten Tag in der ganzen Schulgemeinde rund. Jeder erzählte die Story hinter vorgehaltener Hand. Der Schulleiter wollte nun, dass die Justiz wegen Verleumdung gegen die Öffentlichkeit in Aktion trat. Das Kollegium verweigerte sich und erklärte, es würde so nicht weiter an der Schule arbeiten wollen. Etliche Verssetzungsanträge wurden gestellt. Der Schulleiter blieb, ein großer Teil der Kolleginnen und Kollegen ging zum Schuljahresende. Eltern meldeten die Kinder nicht mehr an der Schule an, die Schule wurde aufgelöst, der Schulleiter als Unterbringungsfall an einer anderen Schule untergebracht. Und wenn er nicht gestorben ist, dann leitet er noch heute.

Die Veränderung der Rolle und Funktion von Schulleitung und die damit verbundene Ausweitung von Aufgaben und Verantwortung erfordern eine vorausschauende Personalplanung und eine Förderung von Führungskräftenachwuchs. In Zukunft werden aufgrund des anstehenden Generationenwechsels viele Schulleiterstellen in Deutschland zu besetzen sein. Deshalb muss jetzt dringend mit einer sorgsamen und vorausschauenden Förderung von geeigneten Persönlichkeiten begonnen werden. Schulleiterinnen und Schulleiter benötigen neben dem Bewusstsein für die Bedeutung des Amtes auch vernünftige Anreize. Die derzeitige Bezahlung ist zwar hoch, aufgrund ihres geringen Unterschiedes zum Gehalt einer normalen Lehrkraft jedoch in keiner Weise geeignet, Menschen zu motivieren, diese zusätzliche Verantwortung und den damit verbundenen Stress zu übernehmen.

Gute Schulleitungen müssen keine guten Lehrpersonen gewesen sein, aber es schadet nicht, wenn sie gute Pädagoginnen oder Pädagogen sind. Viele gute Lehrerinnen und Lehrer sind am Ende keine guten Schulleiterinnen oder Schulleiter, weil ihnen Führungsfähigkeit, Krisenmanagement, Durchsetzungsfähigkeit, Konfliktfähigkeit, Vermittlungsfähigkeit sowie Überzeugungskraft fehlen. Aber auch nicht jedes Organisationsgenie ist eine gute Schulleiterin oder ein guter Schulleiter. Ein Herz für Kinder und Jugendliche sowie die Bereitschaft, sich für Kinder einzusetzen, dürfen nicht fehlen. Sonst bleibt Schulleitung seelenlos.

Frauen und Männer, die sich für einen Posten in der Schulleitung interessieren, müssten grundsätzlich eine zusätzliche Ausbildung absolvieren, die mit einer Prüfung abschließt. Schulleitung ist eine weiterführende Qualifikation für Lehrerinnen und Lehrer. Dieser Ausbildung sollte eine Probezeit von mindestens drei Jahren folgen, an deren Ende erst entschieden wird, ob sich eine Person als Schulleiterin oder Schulleiter eignet. Die Kanadier lassen nur solche Menschen in die Schulleitung, die zuvor regelmäßig an unterschiedlichen Schulen gearbeitet haben und damit genügend Erfahrungen sammeln konnten. Frei nach dem Grundsatz: Keine Schule ist wie die andere. Jede Schule ist ein eigenes Lernbiotop, welches es erfordert, dass Menschen sich flexibel auf unterschiedliche Ausgangsbedingungen einlassen können.

Schulleitungen müssen gestalten, nicht verwalten

„Sie hatte keinen Zugang zu den Mädchen und Jungen, die sie durch die Bank ablehnten. Sie war kalt wie Hundeschnauze, distanziert, an den Nöten und Problemen der Schülerinnen und Schüler nicht interessiert. Pädagogisch war sie ohne Visionen, aber formal wollte sie sich immer absichern." So beschreibt mir eine Mutter die Schulleiterin ihrer Tochter. Diese war eine erfolgreiche Moderatorin und hatte sich als Fachleiterin bewährt. Als Schulleiterin jedoch fehlte ihr deshalb der Zugang zu Schülerinnen und Schülern, weil sie sich als Technokratin mit einem ausgeprägten Machtanspruch entpuppte. Sie konnte die Herzen der jungen Menschen nicht gewinnen, nicht überzeugen, nicht motivieren. Sich nach allen Seiten absichernd, wurden die von ihr herangezogenen Begründungen für Entscheidungen von den Schülerinnen und Schülern sofort als Scheinbegründungen entlarvt. Ihre Motivation war Zwang und nicht Einsicht. Sie versteckte sich hinter Vorschriften und organisatorischen Vorgaben des Schulträgers, hielt sich ängstlich an Absprachen mit der Schulaufsicht, anstatt ihren Entscheidungsspielraum verantwortlich zu nutzen.*

Schulleitungen dieser Art verwalten eine Schule, sie gestalten sie aber nicht. Ihnen fehlt die Kraft der Vision, die Begeisterung. Diese Schulleiterin schaffte es nicht, sich außer durch knallhartes Einfordern und Anordnungen von Strafen, Autorität zu verschaffen. Jemand, der so eine Schule führt, wird nie erreichen, dass aus einer durchschnittlichen Schule eine überdurchschnittliche Schule wird.

Aber es gibt auch Gegenbeispiele, wie eine Schule in Rheinland-Pfalz zeigt:

Die Türen zum Sekretariat stehen offen. Auf einer Tafel können alle Mitglieder der Schule ihre Anliegen, Vorstellungen oder Wünsche aufschreiben. Über positive Rückmeldungen freut man sich ebenso wie über kritische Anmerkungen. Die Schulleiterin ist auch für Schülerinnen und Schüler zu sprechen, hat ein offenes Ohr für deren Probleme

und Nöte. *Sie arbeitet im Team, täglich gibt es eine umfassende In-*
formation an die Teammitglieder. Wichtige Informationen werden an
dieser großen Schule mit 1000 Schülerinnen und Schülern jedem Mit-
glied des Kollegiums, den Eltern- und den Schülervertretern zugemailt.
Ein Informationsdefizit, über das in vielen Schulen geklagt wird, ist
damit ausgeschlossen. Im letzten Jahr wurde in einem offenen Prozess
mit allen Mitgliedern der Schule eine Schulverfassung erarbeitet. Die
Schülerinnen und Schüler erkennen den Sinn dieser Verfassung und
identifizieren sich mit der Schule. Das Personal wurde einbezogen und
bemüht sich, dass die Schulverfassung auch gelebt wird.

Gewalt gibt es an dieser Schule nicht mehr. Schülerinnen und Schü-
ler übernehmen konkrete Aufgaben, zum Beispiel die Betreuung der
Fünft- und Sechstklässler. Ältere Schülerinnen und Schüler unterstüt-
zen die Kleineren am Nachmittag bei den Hausaufgaben. Auch die Toi-
letten werden von den älteren Jahrgängen gewartet, die Bibliothek be-
treut. Lehrerinnen und Lehrer bleiben inzwischen bis nachmittags im
Schulgebäude. Sie haben erfahren, welche positive Wirkung es auch
für die eigene Arbeit hat, wenn man sich austauscht. Es gibt ein reges
Schulleben an der Schule. Die Lehrerschaft genießt bei Schülerinnen
und Schülern sowie deren Eltern ein großes Vertrauen.

Teams mildern die Einsamkeit

Für viele Schulleiterinnen und Schulleiter bedeutet der Aufstieg in
die Spitze einer Schule den Verlust des Schutzraums „Kollegium".
Neu ist das Erleben von Einsamkeit und Isoliertheit. Dies findet
umso mehr statt, je mehr die Schulleitung einen autokratischen
Führungsstil praktiziert. Während man als Lehrerin oder Lehrer
auf die Solidarität seiner Kolleginnen und Kollegen rechnen durfte
– auch auf Solidarität gegenüber Eltern, Schülern und Schulleitung
– ist es an der Spitze oft sehr einsam. Diese Erfahrungen lassen sich
abmildern, je mehr man im Team arbeitet und bereit ist, eigene
Schwächen durch gute Teamstrukturen auszugleichen.

Gute Schulleitungen haben einen unmittelbaren Einfluss auf das
Kollegium, auf die Unterrichtsentwicklung, auf das Klima in der
Schule. Ein positiver Einfluss auf das Kollegium verbessert die Kooperation zwischen den Kolleginnen und Kollegen und schafft ein
innovatives Klima. Teamstrukturen in der Schulleitung können zudem die Kommunikation innerhalb der Schule deutlich steigern.

Gute Schulleiter können ein Team bilden und im Team arbeiten. Sie kommunizieren offen, vermeiden Schuldzuweisungen, geben ein offenes Feedback an Lehrerinnen und Lehrer. Zugleich sind sie in der Lage, ihr eigenes Feedback einzufordern, zu ertragen und ihr Verhalten zu ändern. Sie kooperieren mit Eltern, binden diese ein und pflegen ein gutes Verhältnis zu ihren Schülerinnen und Schülern. Die Grundeinstellungen eines Kollegiums gegenüber Schülerinnen und Schülern werden durch nichts so stark geprägt, wie durch die Einstellung und Haltung der Schulleitung dieser Gruppe gegenüber.

Gute Schulleitungen fällen Entscheidungen in einem transparenten Prozess, sie werden erläutert, aber nicht gerechtfertigt. Sie stehen hinter ihren Entscheidungen. Sich hinter Behörden, Erlassen, Vorgaben des Ministeriums zu verstecken, wird zu Recht als Schwäche ausgelegt. Gute Schulleiterinnen und Schulleiter widersetzen sich auch unsinnigen Erlassen oder Anordnungen ihrer vorgesetzten Behörde. Sie sind mutig, wissen, was sie erreichen wollen, übernehmen Verantwortung, stellen sich vor ihre Schule und gewähren dieser einen Entfaltungsspielraum. Sie haben Vertrauen in die Menschen, mit und für die sie Schule machen. „Die Menschen stärken, die Sachen klären", so hat es der große Pädagoge Hartmut von Hentig genannt. Eine gute Schulleitung wird genau dieses tun.

Mein Fazit:

Lehrerinnen und Lehrer müssen neu gebildet werden, Schulleitungen erst recht. Wir brauchen die Besten eines Jahrgangs als Lehrerinnen und Lehrer für unsere Kinder und wir brauchen die besten Führungskräfte für unsere Schulen. Der Begriff Elite ist in Deutschland nicht unumstritten, aber ich bin trotzdem der Überzeugung, dass es genau die ist, die uns im Lehrkörper fehlt. Wer Elite richtig versteht, weiß auch, dass Eliten bereit sind, gesellschaftliche Verantwortung zu übernehmen. Es darf nicht jeder Lehrerin oder Lehrer werden dürfen, dem nichts anderes einfällt. Wir sollten die Erwartungen an diese Profession sowohl in persönlicher als auch in wissenschaftlicher und pädagogischer Hinsicht wesentlich höher schrauben. Ich bin sicher, das zahlt sich aus.

Kapitel 10
Auch Lobbyisten bremsen die Schulentwicklung

Anders als in vielen anderen Ländern der Welt ist das deutsche Bildungswesen fest in staatlicher Hand. Im 19. Jahrhundert hat sich der Obrigkeitsstaat gegen die kirchliche Schulaufsicht durchgesetzt. Seither steht das Schulwesen unter der Aufsicht des Staates (Art. 7 Abs. 1 GG). Die zentralen Bestimmungen wurden nahezu wörtlich aus dem Kaiserreich über die Weimarer Verfassung in das Grundgesetz und in viele Landesverfassungen übernommen.

Die Bundesländer – oder sollte ich besser sagen: die Kultusministerkonferenz? – tun sich folglich mit der Kritik schwer, die von Seiten der OECD an das deutsche Bildungssystem herangetragen wurde. Kritische Anmerkungen der OECD zum gegliederten Schulsystem durften bislang in offiziellen Stellungnahmen der Kultusministerkonferenz nicht abgedruckt werden. Entsprechende Passagen wurden nicht veröffentlicht. Auch Eltern- und Lehrervertretungen, also Bildungs-Lobbyisten, negieren die Hinweise auf die Fragwürdigkeit des gegliederten Schulsystems.

Bei der ersten PISA-Untersuchung hat die OECD daher einen eigenen Band mit den Ergebnissen der Untersuchung veröffentlicht, der sich an etlichen Stellen in der Bewertung und Analyse wesentlich von den Veröffentlichungen des deutschen PISA-Konsortiums unterscheidet. Dies ist kein souveräner Umgang mit Ergebnissen von internationalen Untersuchungen. Es macht deutlich, dass man in Deutschland bestimmte Ergebnisse nicht wahrhaben möchte. Fakten werden ignoriert, moduliert und uminterpretiert. Dies hat auch PISA-Koordinator Professor Andreas Schleicher stets moniert, der sich damit allerdings bei vielen äußerst unbeliebt gemacht hat.

Bildung und Wirtschaft hängen eng zusammen

In den fünfziger und sechziger Jahren des vergangenen Jahrhunderts brummte die Wirtschaft in Deutschland. Die Wachstumsraten lagen um die sechs oder sieben Prozent. Seit den Achtzigern schleppt sich die Wirtschaft dahin. Das Wachstum liegt bei ein, zwei, bestenfalls drei Prozent. Ende der siebziger Jahre fingen andere Staaten in Europa an, ihr Bildungssystem umzubauen. England, Frankreich, Schweden, Finnland. Sie haben damit auch den wirtschaftlichen Anschluss geschafft. Wir dümpeln weiterhin dahin und müssen feststellen, dass uns mit hoher Arbeitslosigkeit, wachsender Staatsverschuldung und mangelndem Wirtschaftswachstum die Probleme über den Kopf wachsen.

Boom und Stagnation haben etwas mit Bildung zu tun, wenigstens kommt das Team „Deutsche Bank Research" zu diesem Ergebnis. Dieses Team untersuchte, wie sich Wissen und Fähigkeiten der Menschen auf die Leistung einer Volkswirtschaft auswirken. In seinem Fazit stellt es fest, dass die Mittelmäßigkeit an deutschen Schulen mitverantwortlich dafür sei, dass hierzulande seit den siebziger Jahren das Wachstum immer schwächer wurde. Mit ihrer Einschätzung stehen die Analysten aus dem Think Tank der Deutschen Bank nicht allein. Zu ähnlichen Ergebnissen gelangt auch eine aktuelle Studie des arbeitgebernahen Instituts der Deutschen Wirtschaft (IW) mit dem bezeichnenden Titel „Bildungsarmut und Humankapitalschwäche in Deutschland".

Blockierer lähmen unser Land

Richtig ist: Leistungsbereitschaft, Leistungsanforderungen und Leistungsfähigkeit hängen eng miteinander zusammen. Damit junge Menschen an ihre Leistungsmöglichkeiten herangeführt werden können, müssen die Rahmenbedingungen stimmen. Wer junge Menschen von vornherein von Fördermöglichkeiten, -angeboten und -einflüssen ausschließt, vergeudet viele Begabungen und verhindert ihre Leistungsentwicklung. Das gegliederte Schulwesen in Deutschland baut hier Barrikaden, Mauern und Undurchlässigkeiten, die auch mit allen Anstrengungen, die Durchlässigkeit zu erhöhen, nicht überwunden werden können.

Welche katastrophalen Folgen diese Abschottung für eine Gesellschaft haben wird, die sich aufgrund der demografischen Entwicklung in den nächsten Jahren dramatisch wandeln wird, werden wir alle noch zu spüren bekommen. Denn das Aufrechterhalten der Sozialsysteme setzt voraus, dass alle, wirklich alle jungen Menschen eine Ausbildung absolvieren, die es ihnen am Ende ermöglicht, in einer globalen Welt mit erhöhten Anforderungen an das Können jedes Einzelnen bestehen zu können.

Strukturen allein lösen kein Problem, aber in unserem Schulwesen sind sie ein beachtlicher Teil des Problems. Leider gibt es in unserer Gesellschaft immer noch viele, allzu viele Menschen, die aus Denkgewohnheit, aus ideologischer Vorprägung, aber sicher auch aus zum Teil egoistischen Gründen, eine zukunftsorientierte Weiterentwicklung des Bildungssystems blockieren. Dies kann und wird Deutschland noch erheblichen Schaden zufügen, wird die internationale Anschlussfähigkeit und damit die wirtschaftliche Leistungsfähigkeit weiterhin behindern.

In der Bildungspolitik tummeln sich viele Verbände

Die Rolle der Lobbyisten beschränkt sich nicht darauf, direkt Gesetze oder Entwicklungen zu verhindern oder zu forcieren. Sie gestalten vielmehr allgemein und so auch in der Bildungspolitik aktiv das politische Geschehen. In den Ministerien ist es üblich, Verbände und Unternehmen bei wichtigen Entscheidungen frühzeitig anzusprechen. Teilweise erhalten die Lobbyisten die Rohentwürfe von Gesetzestexten früher als die Abgeordneten der Parlamente.

Im Bereich von Bildung und Schule arbeiten seit Jahrzehnten viele Verbände sehr intensiv und mit unterschiedlicher Zielsetzung zum Teil gegeneinander. Je nachdem, wer gerade das Regierungshandeln bestimmt, werden die einen oder die anderen von der Regierungsadministration stärker im Vorfeld beteiligt und gehört.

In der Bildungspolitik treten alle Lobbyisten (und Politiker!) gleichermaßen mit dem Credo an, sowohl das Wohl der Schülerinnen und Schüler als auch das der Allgemeinheit im Auge zu haben. Tatsächlich vertreten viele von ihnen jedoch Partikularinteressen, die im Wesentlichen dem eigenen Verband oder dessen Mitgliedern dienen, wobei im Zweifelsfall das Wohl des Verbandes noch wichtiger ist als das der Mitglieder. Dabei bleiben die Interessen der jungen Generation auf der Strecke oder werden als Schein-Argument für die Durchsetzung der eigenen Interessen missbraucht.

Ein Beispiel für die Effizienz der Lobbyarbeit im Hinblick auf Stagnation bei der Entwicklung des Schulsystems ist die Arbeit der konservativen Lehrer- und Elternverbände. Sie können sich zugute halten, dass sie eine weitergehende Bildungsreform schon in der Weimarer Republik verhindert und später dafür Sorge getragen haben, dass Deutschland in den siebziger Jahren den Anschluss an die internationale Bildungsentwicklung erneut verpasst hat. Die Folgen bekommen wir heute alle in der Schule, in der Wirtschaft, in der Gesellschaft zu spüren. Da ist es schon ein Glücksfall, dass uns speziell die OECD überhaupt auf relevante Zusammenhänge hinweist.

Eltern sind die natürliche Lobby der Kinder

Die natürliche Lobby der Kinder sind deren Eltern. Sie vertreten ihre Kinder mit einem im Grundgesetz verankerten originären Auftrag. Sie sind die Einzigen, die das Wohl der Kinder nicht nur glaubhaft vertreten, sondern auch dazu verpflichtet sind. Eltern sind deshalb am Schulwesen zu beteiligen. So oder ähnlich sind die Formulierungen im Grundgesetz und in den Landesverfassungen in der Bundesrepublik Deutschland niedergeschrieben.

Eltern sind in der Regel Fachleute für ihre Kinder, nicht jedoch für Bildungssysteme. Zu solchen werden sie erst, wenn sie sich lange genug mit diesem komplexen Thema beschäftigen. Zunächst bringen sie – wie alle Bürger – ihre individuellen Erfahrungen mit, die von der eigenen Schulzeit geprägt sind. Mit zunehmender Bildungspartizipation der Elterngeneration wird freilich das Erlebte durchaus mehr und mehr hinterfragt. Hinzu kommt die mehr oder weniger intensive Erfahrung mit der Schule ihrer Kinder. Je weniger Kinder sie haben, umso eingeschränkter wird allerdings diese Erfahrung.

Insgesamt reichen die Erfahrungen der Eltern oft nicht aus, um die Notwendigkeit von Veränderungen in ihrer gesamten Komplexität zu durchschauen. Eltern wollen vorrangig ihr Kind durch die Schule bringen und für ihr Kind die Voraussetzungen für ein erfolgreiches Leben schaffen. Das ist auch ihre legitime Aufgabe.

Damit Eltern im Konzert der übrigen Lobbyisten in der Schule nicht untergehen, benötigen sie eine eigene, starke Lobby. Dies ist jedoch schwierig zu erreichen, denn ohne intensiven Sachverstand, Wissen und Kontinuität in der Arbeit ist die Lobby der Eltern immer wieder durch Brüche und Diskontinuitäten gekennzeichnet und in der Folge vergleichsweise wirkungslos. Anders als bei den Lehrerverbänden, die mit ihren Standes-, beziehungsweise Berufsvertretungen zugleich auch Arbeitnehmerinteressen formulieren und diese gegenüber dem Staat als ihrem Arbeitgeber vorbringen, fehlt es den meisten Eltern an der starken Administration in ihren Verbänden und schlicht an Geld. Ausnahmen sind einige besser dotierte gesetzliche Landeselternvertretungen sowie die Gymnasialelternvertretungen in NRW und Bayern.

Dennoch ist es den Eltern seit nunmehr 54 Jahren gelungen, auf der Bundesebene den Bundeselternrat als starke Lobby auszubauen, der durch die Gremien der Landeselternvertretungen demokratisch legitimiert wird. Die Bedingungen für diese kontinuierliche

Arbeit waren nicht immer leicht, aber der Bundeselternrat hat sich stets als Mahner und Innovator für bessere Schulen, bessere Bildung und als Anwalt von Eltern und Kindern verstanden. Auch Beschlüsse des Bundeselternrates werden nicht immer einstimmig gefasst. Aber die Tatsache, dass der derzeitige Vorsitzende Wilfried W. Steinert im Mai 2006 mit 73 Prozent der Stimmen wiedergewählt wurde und er ganz klar den Kurs für eine gemeinsame Schule unterstützt, zeigt, dass eine Mehrheit von Eltern hinter ihm und der Position des Bundeselternrates steht. Sein Gegenkandidat aus dem Saarland, der ausdrücklich für den Erhalt des gegliederten Schulwesens eintrat, konnte sich nicht durchsetzen.

Parteien suchen Einfluss auf Elternvertretungen

Welchen Einfluss eine starke Lobby der Eltern auf Bundesebene hat, lässt sich daran ablesen, dass der Bundeselternrat sich der Einflussnahme der Parteipolitik erwehren muss. Parteipolitik versucht immer wieder, Personen oder auch Gremien des Bundeselternrates für die eigenen Interessen einzuspannen. Die Glaubwürdigkeit des Bundeselternrates besteht darin, Elterninteressen unabhängig von Parteipolitik zu vertreten.

Mir war es zu meiner Zeit als Vorsitzende des Bundeselternrates sehr wichtig, diese Unabhängigkeit auch zu verdeutlichen. Dies gilt in ähnlicher Weise für alle Elternverbände und Elternvertretungen. In dem Moment, wo sich Elternvertretungen zum verlängerten Arm der Parteipolitik machen, verlieren sie an Akzeptanz. Deshalb habe ich alle Ämter niedergelegt, als ich für die SPD in NRW als Landtagskandidatin nominiert wurde. Und um weiteren Spekulationen zu begegnen: Als Vorsitzende des Bundeselternrates habe ich dieser Partei nicht angehört.

Dennoch gibt es natürlich immer wieder den Versuch der Einflussnahme von Seiten der Politik auf Elternverbände. Da versuchen auch Kultusminister oder Ministerpräsidenten die ihnen politisch wohl gestimmten Gruppen zu unterstützen und bestimmte Personen in die Spitzenfunktionen der Verbände zu manövrieren. Eine Einflussnahme, die manchmal gelingt, die aber oft nicht von langer Dauer ist. Wenn Eltern dies durchschauen, reagieren sie in der Regel absolut ungehalten. Allerdings kann auch ein Elternverband sich nicht immer neutral verhalten. Es würde zur Bedeutungslosigkeit führen, wenn man keine strittigen Positionen als Eltern vertreten würde. Ganz im Gegenteil: Aus Verantwortung für die eigene und die zukünftige Kindergeneration formulieren Eltern auch durchaus strittige bildungspolitische Forderungen.

Aber auch das gibt es: Manche Elternverbände sind von vornherein zur Unterstützung bestimmter politischer Richtungen aufgestellt und betätigen sich aus Überzeugung in diesem Sinne. Dort gibt es auch Politiker in relevanten Funktionen, die solchen Verbänden vorsitzen.

Die Forderung des Bundeselternrates nach einer längeren, gemeinsamen Schulzeit wurde und wird von den Gegnern dieses Ansinnens als Missbrauch der Elternvertretung bewertet oder gar zur parteipolitischen Einflussnahme degradiert. So hat z. B. unlängst der Vorsitzende der Jungen Union Niedersachsen versucht, dies als Missbrauch der Elternvertretung zu diskreditieren. Dies ist dann ideologische Begleitmusik, die die Vielfalt der Tonlagen widerspiegelt.

Bereits im Frühjahr 2003 hat sich der Bundeselternrat als Ziel eine längere, gemeinsame Lernzeit von Schülerinnen und Schülern gesetzt. Er formulierte damals: „Der Bundeselternrat fordert und fördert eine offene Diskussion über die Schulstrukturen und das Bildungssystem in allen Ländern der Bundesrepublik und eine umfassende und unabhängige Information der Eltern über die Auswirkungen der Schulstrukturen auf die Qualität der Bildung."

Am 23. Mai 2005 war nach der Frühjahrsplenartagung des Bundeselternrates in der Presse zu lesen: „Kritisch sieht der Bundeselternrat das dreigliedrige deutsche Schulsystem, in dem die Kinder nach der vierten Klasse getrennt werden, was nach Erkenntnissen von Experten zu Leistungsabfall führt. Diese frühe Selektion raubt vielen Schülern ihre Zukunftschancen", so Steinert.

Diese Beschlusslage ist in der Zwischenzeit bei unterschiedlichen Tagungen bestätigt worden. Allerdings auch gegen Stimmen von Eltern aus dem Gymnasialbereich und dem Realschulbereich. Sie sehen, die Auseinandersetzung um die Schulformen ist in den Elterngremien angekommen.

Lobbyismus will sich selbst erhalten

Eine längere, gemeinsame Schulzeit würde für die Lehrer-Vertretungen von etablierten Schulformen wie den Gymnasium und den Realschulen massive Einschnitte und Veränderungen nach sich ziehen. Wenn z. B. die Grundschulzeit auf sechs Jahre ausgedehnt oder eine gemeinsame Lernzeit von acht Jahren vereinbart werden würde, wäre die Folge, dass die Realschullehrerverbände sich auflösen könnten. Die Philologenverbände würden deutlich an Einflussmöglichkeiten verlieren. Sukzessive würden die Mitgliederzahlen sinken und damit die Einnahmequellen, die zurzeit das Aufrechterhalten eines starken Verbandes ermöglichen. Damit reduziert sich wiederum die Einflussmöglichkeit. Es geht den Lehrer-Vertretungen, wenn sie sich gegen eine verlängerte gemeinsame Schulzeit aussprechen, also nicht primär um die junge Generation, sondern um den Erhalt von politischen Einflussmöglichkeiten der Verbände.

Ähnliches gilt auch für die Elternverbände, die nicht alle Eltern, sondern einzelne Schulformen vertreten. Beim Wegfall der Schulform würde für den Verband wie für die Verbandsfunktionäre die Geschäftsgrundlage entfallen. Gerade für die Gymnasialverbände, die in Bayern und Nordrhein-Westfalen privat organisiert sind, würde dies das Aus bedeuten. Aber auch schon eine deutliche Verringerung der Schülerzahlen in diesen Schulformen würde diese Verbände ernsthaft bedrohen, denn sie kassieren von ihren Mitgliedern Beiträge nach der Schülerzahl einer Schule. Weniger Schüler heißt also auch weniger Geld. Besonders die Gymnasialvertretungen, von denen zumindest die nordrhein-westfälische an üppige Mittel und Rücklagen in sechsstelliger Höhe gewöhnt ist, würde das stark treffen. Es gibt also ganz handfeste Interessen, sich für die Schulform – und nicht für die Schüler – einzusetzen.

Der deutsche Lehrerverband: eine gelungene PR-Marke

Jedem Lobbyismus liegt in der Regel eine ganze Portion Selbsterhaltung zugrunde. Menschen verlieren nur ungern ihre einmal gewonnenen Einflussmöglichkeiten. Deshalb ist Lobbyismus fern der Sachfragen immer auch ein Stück Wettstreit, Kampf und Selbsterhaltungstrieb.

Einflussmöglichkeiten versucht man in der Regel auszubauen. So entstand auch der Deutsche Lehrerverband, ein Zusammenschluss von Lehrerverbänden aus dem Deutschen Beamtenbund. Der Name signalisiert Gesamtanspruch. Tatsächlich aber verbirgt sich hinter diesem Namen zwar ein Gesamtanspruch, aber keine Gesamtlegitimation. Dieser Verband ist ausschließlich ein Instrument der öffentlichen Meinungs-Beeinflussung; eine Briefkastenfirma ohne wirkliche Vertretungslegitimation, aber mit umso höherem Bekanntheitsgrad.

Der Name suggeriert – und so wird es in den Medien auch transportiert – als vertrete der Deutsche Lehrerverband „die" Lehrer. Das ist in keiner Weise der Fall. Kein Lehrer ist direkt Mitglied in diesem Verband, aber auch keineswegs alle relevanten Lehrerverbände sind es. Der Deutsche Lehrerverband vertritt deutsche Lehrerinnen und Lehrer weitaus weniger als der Deutsche Gewerkschaftsbund die deutschen Arbeitnehmer. Weder ist die mitgliederstarke und gewichtige Gewerkschaft Erziehung und Wissenschaft (GEW) Mitglied im Deutschen Lehrerverband, noch ist es der Verband Bildung und Erziehung, der die Grundschulen, Förderschulen, Hauptschulen und in Teilen auch Gesamtschulen in Deutschland vertritt.

Gegründet wurde der Deutsche Lehrerverband unter anderem, um den Einfluss der konservativen Lehrerverbände gegenüber der Presse und den Medien durch einen griffigen Namen und durch zusätzliche Agitationsmöglichkeiten zu steigern. Das ist seinem langjährigen Präsidenten und prominenten Sprecher Josef Kraus (Direktor eines bayerischen Gymnasiums) durchaus gelungen. Allerdings mit zweifelhaftem Erfolg. Viele deutsche Lehrer regen sich zu Recht auf, wenn sie Äußerungen vom Deutschen Lehrerverband hören. Und die Anhängerschaft schrumpft, je größer der Aufklärungsgrad bei den Lehrerinnen und Lehrern wächst. Nach der letzten Umfrage des Schulforschungsinstitutes der Uni Dortmund, die im Juni 2006 veröffentlicht wurde, sprechen sich in der Zwischenzeit 59 Prozent aller Lehrerinnen und Lehrer für eine längere gemeinsame Lernzeit aus. Dies hat es zuvor noch nie in Deutschland gegeben.

Ergebnisse der internationalen Studien werden ignoriert

Eine Rede, die Josef Kraus bei der 50-Jahr-Feier der Landeselternschaft der Gymnasien NRW im Mai 2006 vor 500 bis 600 Gästen gehalten hat, hat landesweit bei Vielen für Empörung gesorgt, die bis hin zu Austritten aus der Landeselternschaft der Gymnasien ging. Im Folgenden einige Auszüge:

> *„Das Gymnasium ist das Zugpferd des deutschen Bildungswesens und muss es bleiben. [...] Die benachbarten Schulformen (Realschule, Gesamtschulen und Berufsschulen, im Besonderen die Hauptschulen)*

haben dagegen eine soziale und enorm herausfordernde Klientel. [...]
Umgekehrt sollte es die anderen Schulformen nicht stören, wenn sich
das Gymnasium auch als eine Schule versteht, die das Gros der zukünf-
tigen Leistungs- und Verantwortungselite in Studium und Beruf bringt.
Und niemand sollte dem Gymnasium den Anspruch neiden, dass keine
andere Schulform eine in so umfassendem Sinne prägende Bildungs-
und Erziehungsarbeit leisten kann wie das Gymnasium. [...]
  Machen wir also Schluss mit der typischen deutschen Selbstverleug-
nung gerade auch im Bildungsbereich! Machen wir Schluss mit dem
Glauben, Schule in Deutschland sei umso zukunftsfähiger, je mehr sie
sich an Finnland oder Japan oder Kanada orientiert. Nein, all die ge-
nannten Länder wollten, sie hätten eine Schulform, die so anspruchs-
voll, so sturm-erprobt und so erfolgreich ist, wie das Zugpferd des deut-
schen Bildungswesens: das Gymnasium. In diesem Sinne alles Gute
und ein stets hartnäckiges Potenzial für die nächsten 50 Jahre."

Diese Rede ist ein Beispiel für das, was ich anfangs beklagte: Gerade auch Bildungs-Lobbyisten ignorieren die Ergebnisse interna-
tionaler Studien. Josef Kraus hat nicht verstanden, dass wir nicht
nur Schwächen in der Förderung von Kindern aus bildungsfernen
Elternhäusern haben, sondern dass es uns nicht gelingt, eine Leistungsspitze auf- oder auszubauen, auch nicht an den Gymnasien.
  Grundsätzlich liegt es mir fern, einzelne Personen an den Pranger zu stellen und dies soll auch die Ausnahme bleiben. Allerdings
bestimmen die Verlautbarungen des Vorsitzenden des Deutschen
Lehrerverbandes das Bild des Verbandes in der Öffentlichkeit maßgeblich und zeichnen sich durch Ignoranz gegenüber einer Fülle
von differenzierten Betrachtungen aus. Dazu noch ein Beispiel aus
einer Pressemittelung von der Homepage des Verbandes:

„Die Debatte um die angebliche soziale Ungleichheit des deutschen
Schulwesens geht völlig in die Irre. Der Bildungserfolg hängt schließ-
lich in erster Linie von den Erziehungszielen der Eltern und der Lern-
bereitschaft der Kinder ab. Es gibt in Deutschland keine sozialen Barrie-
ren am Gymnasium. Wer das entsprechende Leistungsvermögen und
die entsprechende Lernbereitschaft mitbringt, kann das Abitur machen,
egal aus welcher Familie er kommt; man muss es eben nur wollen."

Der Deutsche Lehrerverband versteht sich als Gegenstück zum
Deutschen Gewerkschaftsbund DGB. Meines Erachtens werden
die Ziele des Verbandes nachhaltiger, transparenter und seriöser

vom Deutschen Beamtenbund direkt vertreten, dessen Vorsitzender sich seine Sachkenntnis zuvor lange Jahre als Vorsitzender des Deutscher Philologenverbands erworben hat. (Kurze Informationen zu den einzelnen Lehrervertretungen habe ich am Ende des Kapitels zusammengestellt.)

Lehrerverbände machen sich auf den Weg

Die Gewerkschaft Erziehung und Wissenschaft (GEW) und der Verband Bildung und Erziehung (VBE) haben sich nach der PISA-Untersuchung auf den Weg gemacht, das Bildungssystem und die Bildungserfordernisse an den deutschen Schulen neu zu bewerten. Dabei wurden auch Ziele formuliert, die der eigenen Klientel nicht immer behagt haben.

So tritt die GEW in der Zwischenzeit vehement für Ganztagsschulen, für verpflichtende Präsenzzeiten und Fortbildungszeiten, für die Abschaffung des Beamtentums, für individuelle Förderung, Abschaffung des Sitzenbleibens sowie für längeres, gemeinsames Lernen ein. Letzteres ist in der Gruppe der Gymnasiallehrer der GEW nicht unumstritten. Die GEW formuliert als Ziel, dass das Schulsystem in Deutschland umgebaut werden muss zugunsten einer gemeinsamen, längeren Schulzeit von allen Kindern.

Der VBE fordert eine allgemeine Sekundarschule, um allen Kindern und Jugendlichen bessere Lernperspektiven und Lernchancen zu ermöglichen. Der VBE geht davon aus, dass die Legitimation des gegliederten Schulsystems empirisch nicht mehr gestützt wird. Der VBE setzt sich für ein neues Bildungsprinzip ein. Zitat aus einer Veröffentlichung: *„Wir brauchen eine hochwertige Förderung in der Breite auf allen Schulstufen, damit allen Schülerinnen und Schülern ein höheres Bildungsniveau ermöglicht wird. Notwendig ist ein neues Bewusstsein des Förderns und Forderns in einem Bildungssystem, das keine Sackgassen zulässt und alle Bildungswege nach oben offen hält."* Die Botschaft einer modernen Schule müsse demnach lauten: Jeder werde gebraucht, jeder habe seine Chance. Dies entspreche dem Grundanliegen einer Demokratie. *„Wir müssen endlich in unserem Schulsystem der Erfahrung des Scheiterns den Boden entziehen. Jeder soll erfahren, er kann es noch besser"*, fordert der VBE.

Wie aus Nachhaltigkeit Schwachsinn wird ...

2004 habe ich mit vielen anderen Eltern in Nordrhein-Westfalen die Landeselternkonferenz gründet. Ein Elternverband, der die Eltern aus den Stadtschulpflegschaften aller Schulformen auf Landesebene versammeln sollte. Schulformübergreifende Elternvertretungen haben nicht nur die Interessen einer Schulform im Kopf, sondern denken ganzheitlich und im Sinne der Kinder. Im Vordergrund steht das Engagement von Eltern für Kinder. Bei den Stadtschulpflegschaften in NRW ist dieses Engagement regional gebündelt und korrespondiert so auch gut mit den politischen Strukturen.
Die Landeselternkonferenz wollte über Aufklärung, Wissensvermittlung und Information die Eltern schulen und ihnen die Kompetenzen vermitteln, die sie benötigen, um sich für ein zukunftsfähiges Schulsystem einzusetzen und mitzuhelfen, Bildungslandschaften vor Ort entstehen zu lassen. Als Zielmarke hatten wir in die Satzung des Vereins geschrieben, dass sich die Landeselternkonferenz auflöst, wenn in NRW eine landesweite, schulformübergreifende Elternvertretung etabliert ist. Eine solche Elternvertretung gibt es in fast allen Ländern, außer in Bayern und NRW. Die neuen Länder haben ebenfalls eine schulformübergreifende Elternvertretung eingeführt.

Unsere Satzung wurde jedoch vom Ministerium nicht anerkannt, weil der Verein sich auflösen wollte, wenn das Ziel erreicht ist, wenn also ein gemeinsamer Landeselternbeirat für NRW verwirklicht wäre. Einen Passus, der eine Auflösung schon in der Satzung formuliere, könne man nicht anerkennen, weil der Verband damit nicht nachhaltig arbeiten würde, so das Argument des Ministeriums. Die Vorstellung, dass ein Verein obsolet wird, wenn bestimmte Ziele erreicht sind, konnte der Jurist im Ministerium auch nach längerem Erklären nicht nachvollziehen. Bizarrer kann man kaum formulieren, dass Strukturen in der Schulpolitik in Deutschland auf die Ewigkeit angelegt sind. So vertritt der Philologenverband die Interessen des Gymnasiums schon seit dem vorletzten Jahrhundert. Wer da meint, er könne in kürzeren Dekaden denken und handeln, hat keine Chance.

... und wie Engagement verhindert wird

Soweit die offizielle Argumentation des Ministeriums. Nicht aus-
zuschließen ist freilich, dass auch andere Gründe mitgespielt haben. Zwar war es vor drei Jahren mit Mühen gelungen, die Stadtschulpflegschaften im Schulgesetz von NRW vorzusehen. Aber der
von der Landeselternkonferenz verfolgte schulformübergreifende
Ansatz ließ wohl, so vermute ich, eine allzu große Unabhängigkeit
in der Frage der Schulstruktur befürchten. An einer Schulstruktur-
debatte aber war der damaligen rot-grünen Landesregierung ebenso wenig gelegen wie der aktuellen schwarz-gelben.

Entsprechend heftig war auch die Reaktion der Landeselternschaft der Gymnasien, die in der Neugründung eine arge Beein-
trächtigung ihrer Interessen erblickte. Mit anderen schulformbezo-
genen Elternverbänden und dem ultra-konservativen Elternverein
NRW gründete sie flugs ein Gegenbündnis und schreckte auch vor
Diffamierungen nicht zurück.

Dennoch darf nicht der Eindruck entstehen, als würde die schulpolitische Entwicklung von den Elternverbänden überwiegend behindert. So wie vom Bundeselternrat gehen von vielen anderen Elternvertretungen – seien sie repräsentativ oder auch mit speziellen
Zielsetzungen gegründet – eine Fülle wichtiger Impulse aus. Aber
nicht alle haben die Zukunft des Ganzen im Blick. Manche einfluss-
reichen Vertretungen sind auch in den Grenzen ihrer Klientelpolitik
gefangen.

Mein Fazit:

*Eltern müssen sich engagieren, weiterbilden, für die Interessen ihrer
Kinder streiten und Einfluss suchen. Sie müssen sich nicht einig sein,
aber einen offenen Diskurs ohne Tunnelblick führen können. Immer
dann, wenn Offensichtliches beharrlich ignoriert oder geleugnet wird,
steht zu vermuten, dass Lobbyisten sich vor allem um sich selbst sorgen.*

**Nachfolgende Informationen
sind den Homepages der Verbände entnommen:**

Der **Deutsche Lehrerverband (DL)** ist die größte Lehrerorganisation in Deutschland außerhalb der Gewerkschaften des Deutschen Gewerkschaftsbundes (DGB). Mitgliedsverbände sind: Deutscher Philologenverband e. V. (DPhV), Verband Deutscher Realschullehrer (VDR), Bundesverband der Lehrerinnen und Lehrer an Wirtschaftsschulen e. V. (VLW), Bundesverband der Lehrerinnen und Lehrer an beruflichen Schulen e. V. (BLBS).

Die **Gewerkschaft Erziehung und Wissenschaft (GEW)** ist die Bildungsgewerkschaft im Deutschen Gewerkschaftsbund (DGB). Sie vertritt Frauen und Männer, die in pädagogischen und wissenschaftlichen Berufen arbeiten: an Schulen, in Kindertagesstätten, an Hochschulen und Einrichtungen der Weiterbildung, in Deutschland und im Ausland. Auch Beschäftigte an Goethe-Instituten rund um den Globus sind Mitglieder in der GEW.

Mitglieder des **Philologenverbandes** sind angestellte und beamtete Lehrerinnen und Lehrer an Gymnasien, Gesamtschulen, Hochschulen und anderen Bildungseinrichtungen, die auf das Abitur vorbereiten.

Der **Verband Bildung und Erziehung (VBE)** ist eine Berufsorganisation für Lehrkräfte an Grund-, Haupt-, Gesamt- und Förderschulen, für Erzieherinnen und Erzieher, Studierende und Lehrende der Hochschulen und Studienseminare. Der VBE ist der größte Berufsverband im Bildungsbereich innerhalb des Deutschen Beamtenbundes (DBB).

Kapitel 11
Eltern sind der Schlüssel zum Erfolg

In Großbritannien gibt es seit den 90er Jahren eine intensive Forschung zur Bedeutung der Eltern für den Bildungserfolg ihrer Kinder. Die Briten sprechen dabei von Parenting-Prozessen. Elisabeth Hoffmann (Consultant in Family Policy and Parenting, Königswinter/NRW) hat sich in ihren Arbeiten mit den Ergebnissen der britischen Forschung beschäftigt. In einem Vortrag beim Bundeselternrat formulierte sie:

„Der Parenting-Prozess beeinflusst ganz erheblich den Umgang von Menschen mit sich selbst, mit ihren Partnern und ihren Kindern, die Einstellung zur Gesundheit und die Akzeptanz gesellschaftlich gültiger Normen sowie die kognitiv-intellektuelle Entwicklung von Kindern. Der Parenting-Prozess ist die Achillesferse von Familien, ein vielschichtiger, verwundbarer und zugleich wichtiger Kernpunkt im familialen Geschehen. Zugleich wird die Art und Weise des Parentings von Generation zu Generation weitergegeben. Dies erklärt beispielsweise die häufige Kontinuität von Bildungsdefiziten und problematischen beruflichen Entwicklungen in der Generationenfolge von Familien. Positives Parenting stillt die Bedürfnisse von Kindern in den drei grundlegenden Dimensionen von Liebe/kontinuierlicher Fürsorge („Care"), Konsequenter und liebevoller Grenzsetzung („Control"), Förderung der physischen, intellektuellen, moralischen, künstlerisch-ästhetischen Entwicklung („Development")."

Parenting bezeichnet den Gesamtprozess der elterlichen Erziehung. Mit Parenting gemeint sind elterliche Handlungen, Zuwendungen, Hinwendungen, Emotionen, die auf die Kinder bezogen erfolgen und deren Entwicklung positiv beeinflussen.

Sämtliche Studien, die insbesondere in den angelsächsischen Staaten erfolgten, kommen zu dem Ergebnis, dass die Qualität der Parenting-Prozesse einer der wichtigsten Faktoren für die Entwicklung eines jungen Menschen ist. Diese Prozesse können durch Störungen von außen empfindlich beeinträchtigt oder sogar massiv aus dem Gleichgewicht gebracht werden. So wirkt sich Arbeitslosigkeit der Eltern in der Regel auf die Entwicklung von Kindern umso verheerender aus, je länger sie andauert. Der Verlust eines Partners oder eines Geschwisters sind ebenfalls Faktoren, die die Entwicklung eines Kindes deutlich negativ beeinflussen.

Early Excellence Centers unterstützen Eltern und Kinder

Auf diesem Wissen aufbauend, haben die Briten angefangen, die Eltern zu stärken und die Zusammenarbeit von Institutionen mit den Eltern zu intensivieren. Mit ähnlicher Intention gab es unter Bundesfamilienministerin Renate Schmidt ein gemeinsames Impulspapier mit dem DIHK-Präsidenten Ludwig Georg Braun, in dem beide sich für den bundesweiten Ausbau von „Eltern-Kind-Zentren" einsetzten. Vorbilder für die Idee der Eltern-Kind-Zentren finden sich außer in Großbritannien auch in Finnland. In beiden Ländern wird Wert auf eine erziehungs- und bildungspartnerschaftliche Beziehung zwischen pädagogischem Personal und den Eltern gelegt. So wurden in beiden Ländern Einrichtungen geschaffen, die nicht nur Tageseinrichtung wie Kindergarten oder Schule sind, sondern zugleich auch Orte, an denen Eltern Dienste aus einer Hand erhalten. Diese integrierten Dienste bieten neben der Kinderbetreuung und -erziehung auch Angebote der Erwachsenenbildung, wie Erziehungs-, Gesundheits-, Ernährungsberatung, an. Sie sind zugleich Anlaufstellen für Eltern, Mütter, Väter, Teenager. Großbritannien hat insgesamt mehr als 2.000 solcher „Early Excellence Centers" eingerichtet. Weitere sollen bis 2008 folgen. Diese Zentren praktizieren eine enge Kooperation mit Schulen und Bildungseinrichtungen.

Ziel ist es, *allen* Eltern Hilfe und Unterstützung anzubieten, um sie bei den Herausforderungen und Schwierigkeiten, die das Aufwachsen der Kinder und die Kindererziehung mit sich bringen, zu unterstützen. Solche Hilfen sind in einer Zeit, in der Kindererziehung nicht mehr selbstverständlich ist, für Eltern sehr wichtig.

Dazu gehört auch, dass die Eltern Qualifikationen erwerben können. Speziell wenden sich die Einrichtungen auch an solche Eltern, die normalerweise als „Problem-Eltern" bezeichnet werden: Mütter und Väter aus sozialen Brennpunkten oder Bezieherinnen und Bezieher von Arbeitslosen-Unterstützung. Ziel ist es, diese Eltern so stark zu machen, dass sie ihre Kinder erfolgreich unterstützen und begleiten sowie Partner der Bildungsorganisationen werden können, um damit zum Bildungserfolg der Kinder aktiv beizutragen.

Aus diesem Unterstützungsansatz stammen auch die Überlegungen, zwischen Eltern und Institutionen Erziehungs- und Partnerschaftsvereinbarungen zu treffen. Eine Art Zielvereinbarung, in der die Leistung der jeweiligen Partei dokumentiert wird. Diese Education- oder School-Agreements sind im Bildungssystem in England in der Zwischenzeit Standard. Zusammenarbeit mit Eltern entspricht in England oder Finnland dem normalen Verständnis von Einrichtungen/Schulen und wird nicht unter dem Blickwinkel einer „Defizitorientierung" wahrgenommen.

Der Deutsche Kinderschutzbund hat sich mit seinem Programm „Starke Eltern – Starke Kinder" an den britischen Erfahrungen orientiert. Er geht zutreffender Weise vom engen Zusammenhang zwischen dem Bildungserfolg der Kinder und der Stärkung der Eltern aus.

Ohne Eltern geht es nicht

Überlegungen, die Zusammenarbeit von Elternhaus und Schule zu verbessern, müssen sich an den Ausgangsbedingungen der Eltern orientieren. Dabei ist feststellbar, dass die Wahrnehmung sehr unterschiedlich ist, je nachdem, aus welcher Perspektive die Zusammenarbeit gesehen wird. Das Ergebnis einer Umfrage der Universität Erlangen unter Eltern und Lehrern zur Zusammenarbeit von Elternhaus und Schule brachte zu Tage, dass sich die Wahrnehmung der beiden Gruppen in der Regel nicht deckt. In einem Viertel der Fälle sahen die Lehrer die Qualität der Zusammenarbeit viel positiver als die Eltern. Bei einem solchen Ergebnis stimmen offenbar die Erwartungshaltungen zwischen den Partnern nicht überein.

Viele Lehrerinnen und Lehrer sind aufgrund der Mitwirkungsgesetze an den Schulen in Deutschland der Auffassung, dass Elternarbeit gleichzusetzen ist mit Elternabenden und Gremienarbeit. Aber das ist eine fatale Fehleinschätzung. Erfolgreiche Elternarbeit ist nicht vorrangig „Gremienarbeit". Elternarbeit stellt die einzelnen Eltern mit ihrem Kind in das Zentrum der schulischen Zusammenarbeit. Deshalb ist die Schule gut beraten, eine gute Kommunikation mit den Eltern über ihr Kind zu pflegen und Eltern an der schulischen Entwicklung aktiv teilhaben zu lassen. Talente, Fähigkeiten, Möglichkeiten, Probleme und Stärken sollten dabei ebenso eine Rolle spielen wie Förderangebote, Unterstützung und Hilfe für das Kind. Auch Erziehungsfragen, Grenzziehungen, Verhaltensregeln und Erwartungen an das Elternhaus dürfen nicht ausgespart werden.

Nach PISA hatte sich eine Schule überlegt, zusätzliche Förderangebote für schwächere Schüler anzubieten. Die Eltern wurden über ein Rundschreiben mit der Bitte um Anmeldung informiert. Keine Reaktion der Eltern, große Irritation bei den Lehrern. In der Diskussion zeichneten sich unter den Lehrerinnen und Lehrern alle Vorurteile ab, die das Verhältnis zwischen ihnen und Eltern in der Regel belasten.

Dann entschied die Schulleitung, die Eltern der Schülerinnen und Schüler, die nach Auffassung der Schule an diesem Förderunterricht teilnehmen sollten, zu einem Gespräch zu bitten. Für diese Gespräche nahmen sich die Lehrer ausreichend Zeit. Im Ergebnis konnte festgehalten werden, dass die Eltern befürchteten, dieser Förderunterricht habe negative Konsequenzen für ihre Kinder. Erst als ihnen verdeutlicht wurde, dass es nicht um eine Analyse der Schwächen ging, sondern wirklich um das Anliegen der Schule, Kindern zu helfen und Eltern zu stützen, wurden die Förderangebote bereitwillig angenommen.

Die Lehrerinnen und Lehrer, die nachmittags förderten, verabredeten zusätzlich, alle Eltern im Rhythmus von sechs Wochen über die Entwicklung des Kindes zu informieren. Gemeinsame Abende und Einzelgespräche wurden vereinbart. Alle Eltern kamen regelmäßig. Nach einem halben Jahr waren die Schülerinnen und Schüler ohne jede Auffälligkeit. Die Eltern forderten aufgrund der guten Erfahrung mit den persönlichen Rückmeldungen an sie, dass dieses Verfahren von allen Lehrern praktiziert werden sollte.

Wer Eltern unterstützt, unterstützt damit in der Regel auch die Kinder. Gleichzeitig wirkt sich diese Unterstützung für die Bildungseinrichtung und auf das Verhältnis der Partner untereinander positiv aus. Der Grundsatz der Augenhöhe ist jedoch immer zu wahren. Eltern sind dabei durchweg an Informationen zu ihrem Kind und zum Lernen in der Schule interessiert.

Unterstützung von Eltern führt zu stärkerer Anstrengungsbereitschaft in der Schülerschaft und zu einer höheren Sensibilität bei den Eltern. Wichtig ist eine individuelle Förderkultur, die im Falle des Zurückbleibens oder auch bei Vorliegen besonderer Begabungen rechtzeitig greift und geeignete Maßnahmen bündelt. Die Schulen müssen an die Stärken ihrer Schülerinnen und Schüler anknüpfen und ihnen die Gewissheit geben: Jeder kann etwas, keiner kann alles und niemand kann nichts. Diese Einsicht sollte das Credo einer jeden guten Schule sein.

Wir brauchen Elternunterstützung von Anfang an

Unterstützung der Eltern von Anfang an, so könnte man ein mögliches Erfolgsprogramm überschreiben. Aber bisher sind in Deutschland weder Kindergärten noch Schulen auf solche intensive Partnerschaften vorbereitet. Sie sind weder mental noch personell dazu richtig aufgestellt.

Eltern-Kind-Zentren, die von Renate Schmidt angestoßen wurden, sind ein Anfang. Sie sind in Deutschland in der Regel aber auf den Besucherkreis von Tageseinrichtungen beschränkt. Schulen sind noch nicht in das Blickfeld solcher weitergehenden Elternarbeit gerückt.

Auf der Homepage von "Parentline Plus" in Großbritannien heißt es: "Parents are the key to their children's future and professionals must develop close partnerships with them." (Die Eltern sind der Schlüssel für die Zukunft ihrer Kinder und Lehrer/Erzieher müssen eine enge Partnerschaft mit ihnen entwickeln.) Ein Blick in die Vielzahl der Angebote, die es zu diesem wichtigen Thema in Großbritannien gibt, macht deutlich, welchen Nachholbedarf wir in punkto Elternarbeit haben.

Nur wenn sich die international gewonnenen Erfahrungen in Deutschland ebenfalls umsetzen, werden deutsche Tageseinrichtungen und Schulen mehr als bisher die Zusammenarbeit mit den einzelnen Eltern suchen und pflegen. Erste zaghafte Ansätze eines Umdenkens sind feststellbar. In vielen Schulen werden bereits Förderberichte erstellt und diese mit den Eltern und den Kindern besprochen. Allerdings kann man noch sehr viele Vorbehalte bei Lehrerinnen und Lehrern sowie den Eltern hören. Insbesondere an den weiterführenden Schulen gibt es erheblichen Widerstand. Der Arbeitsaufwand steht für viele Lehrerinnen und Lehrer in keinem vernünftigen Verhältnis zum Ergebnis. Förderberichte ohne entsprechende Vereinbarungen, Unterstützungen durch die Schule, Absprachen und Kommunikation mit Eltern und Kindern sind jedoch in der Tat weitgehend wirkungslos. Die Schule muss in den Dialog mit den Eltern treten. Dazu muss sie die Eltern, aber auch sich selbst, auf diesen fortlaufenden Dialog vorbereiten und diesen einfordern. Ohne Zeit und Ressourcen, die die Schule dafür erhält, wird dies jedoch nicht zu leisten sein.

Eine Realschullehrerin äußerte sich dazu einmal wie folgt:

„Wir sind total überfordert. Eigentlich könnten wir uns den ganzen Tag nur mit Erziehungsproblemen beschäftigen. Die Eltern sind nicht greifbar, keiner kümmert sich mehr um seine Kinder. Die Schülerinnen und Schüler wollen nicht mehr lernen, sie wollen nur stören oder wissen nicht, worauf die Schule sie eigentlich vorbereitet. Wenn man die Eltern einbestellt, kommen sie nicht. Oder nur der muslimische Vater kommt, der aber nicht bereit ist, sich mit mir als Frau zu unterhalten. Sozialarbeiter, die wir zu den Eltern schicken könnten, fehlen uns. Was sollen wir also machen? So schauen wir, dass wir als Lehrer überleben und dabei bleiben eben etliche Kinder auf der Strecke."

Die 14. Shell-Jugendstudie aus dem Jahr 2002 zeichnet ein anderes Bild. Nach ihr ist die Jugend Deutschlands durchaus leistungsbereit und tolerant. Entgegen dem Eindruck, den die Medienberichterstattung hinterlässt, fehlen ihr keineswegs ideelle Werte. Doch noch nie hatten Jugendliche so wenige berufliche Perspektiven. Schon der Start ins Berufsleben scheitert meist an fehlenden Ausbildungsplätzen. Mit Aggression und Resignation reagieren vorwiegend diejenigen, die in der Schule nicht zurechtkommen. Oft wachsen sie in Verhältnissen auf, in denen sich die Eltern aus der Erziehungsarbeit völlig zurückgezogen haben und der Kontakt zu den Eltern gestört ist.

Dennoch ist die obige Wahrnehmung aus der Sicht der Lehrerin wahrscheinlich sogar richtig. Aus der Perspektive der Kinder ist sie freilich entsetzlich und die Eltern kommen eh nur noch als Feuerwehr ohne Löschfunktion vor. Wen wundert es dann, wenn in der Zwischenzeit über härtere disziplinarische Maßnahmen nachgedacht wird, weil man sich hier schneller und effektiver Lösungen erhofft. Dabei übersieht man, dass nicht Strafe, sondern Kooperation den Erfolg bringen wird.

Im Kindergarten ist oft noch eine engagierte Elternmitarbeit zu beobachten, aber mit dem ersten Elternabend in der Schule beginnt in vielen Schulen die Entmündigung der Eltern. (Dazu mehr in Kapitel 4.)

Neue Eltern erfordern neue Formen der Zusammenarbeit

Eltern müssen die Schule verstehen lernen. Sie müssen in die Ziele eingebunden sein. Sie müssen die Regeln kennen und sie anerkennen. Wer sagt den Eltern in Deutschland eigentlich, was die Schule wie erreichen will? Irgendwie finden wir uns als Eltern in die Schule ein. Eine Diskussion über Regeln, Ziele, Wege habe ich in meiner fünfundzwanzigjährigen Elternzeit nur bruchstückhaft erfahren. Entweder wurde den Eltern nichts gesagt, oder es wurde gesagt: „So ist es, finden Sie sich damit ab!"

Der Blick auf die Eltern muss sich verändern. Sie sind keine Störer, die besser außen vor der Tür bleiben und nur dazu gebeten werden, wenn die Schule oder die Einrichtung Probleme hat – dann ist es ohnehin in der Regel zu spät. Sondern sie sind Begleiter und Unterstützer. Diese Rolle muss man jedoch häufig anregen und begleiten, denn ohne Unterstützung klinken sich viele Eltern bei zunehmenden Problemen aus der Erziehungsarbeit aus. Sie fühlen sich schlichtweg überfordert und dann ist die Schule mit den Problemen alleingelassen. Überforderte Eltern kann man nur noch schwer ins Boot holen. Im den schlimmsten Fällen kommt es am Ende zu dramatischen Zwischenfällen und den entsprechenden Medienberichten, die ein Bild von gewalttätigen und unerziehbaren Kindern und Jugendlichen in Deutschland zeichnen und gleichzeitig die Eltern pauschal als unfähig und uninteressiert abqualifizieren.

Ein Grundschulleiter berichtet: „Es stimmt, dass wir es immer mal wieder mit unerfreulichen Zwischenfällen zu tun haben. Fälle, in denen wir es mit krimineller Energie zu tun haben, sind aber die Ausnahme."

Andere Lehrer wissen zu berichten, dass viele Eltern ihren Erziehungsauftrag an die Schule abgäben, wenn sie selbst versagten, und dann die Schule in der Pflicht sähen. Das funktioniere aber nicht. Die Schule könne nicht das reparieren, was in der Erziehungsarbeit zuhause versäumt werde. Mehr Konsequenz und Durchsetzung bei den Eltern sei erforderlich.

Hier schließt sich der Kreis und die Notwendigkeit der Eltern-Kind-Zentren wird ebenso unterstrichen wie eine veränderte Zusammenarbeit mit den Eltern insgesamt. Erziehungsarbeit muss vor dem Eintritt in die Grundschule ansetzen. „Es ist traurig mit anzusehen, wie chancenlos die Jugendlichen sind, denen eine vernünftige Erziehung im Kindesalter gefehlt hat", erklärte mir ein Grundschullehrer.

Bereits ab dem Kindergarten muss sich Elternarbeit neu aufstellen. Eltern als wichtige Partner lässt man nicht draußen auf der Straße oder auf dem Schulhof stehen, man bittet sie herein, schafft Begegnungen, Treffen, ist um Transparenz des eigenen Handelns bemüht, erklärt und unterstützt dort, wo Eltern Hilfe benötigen, arbeitet zusammen und stärkt sich gegenseitig. Die allermeisten Eltern nehmen diese Hilfe gern an, wenn sie begreifen, dass es nicht darum geht, sie in die Ecke zu stellen und anzuprangern, sondern ihnen zu helfen. Denn die Beziehung zum eigenen Kind verändert sich damit ebenfalls positiv und dies merken die Eltern.

Das Foyer einer Schule bietet oft die Möglichkeit, eine Sitzecke und einige Tische aufzustellen, eine behaglichere Atmosphäre zu schaffen. Einen Kaffeeautomaten hinzustellen und die Eltern zum Verweilen einzuladen. Wer seine Kinder – insbesondere in der Grundschule – noch abholt, soll erfahren, dass die Schule zu Gesprächen und Begegnungen einlädt. Die Ängste vor den Eltern sind in vielen deutschen Schulen einfach irrational und wahrscheinlich ein Stück weit dem System geschuldet.

Einige engagierte Grundschulen – auch in sozialen Brennpunkten – haben in den letzten Jahren beispielgebende Projekte und Modelle erfolgreich umgesetzt, um Eltern für die Zusammenarbeit zu gewinnen: Offene Klassentüren, Pausenmütter, Sozialberatung und Erziehungsberatung in der Schule. Dort, wo Elternarbeit gelingt, lässt sich das Ergebnis sehen: Grundschulen in Stadtteilen mit besonderem Erneuerungsbedarf zum Beispiel bereiten 30 bis 40 Prozent ihrer Kinder erfolgreich auf das Gymnasium vor. Eltern aus allen ethnischen Gruppen helfen dort in der Schule mit. Mit einem Elterncafé bietet zum Beispiel eine Schule einen Treffpunkt an, in dem sich vor allem Mütter gern zusammensetzen. Hier finden auch ausländische Frauen ein Stück Heimat, Hilfe, Gespräche, Kontakte, Unterstützung. Wenn sie wollen, können sie sich qualifizieren, in Computer- oder Sprachkursen. „Mama lernt Deutsch" ist die Voraussetzung für eine gelingende Elternarbeit mit ausländischen Eltern.

Beide Seiten müssen sich verständigen

Das geflügelte Wort von den Eltern, die sich aus der Erziehung verabschiedet haben, kursiert in fast allen Lehrerzimmern. Eltern werden als beratungsresistent abqualifiziert. Es gibt diese Eltern, aber es gibt auch die bemühten, verlässlichen, unterstützenden Eltern, ohne die Schule gar nicht auskommt.

2004 stellte die Kultusministerkonferenz Standards für die Lehrerbildung vor, in denen sich auch folgender Satz findet: „Lehrerinnen und Lehrer sind sich bewusst, dass die Erziehungsaufgabe in der Schule eng mit dem Unterricht und dem Schulleben verknüpft ist. Dies gelingt umso besser, je enger die Zusammenarbeit mit den Eltern gestaltet wird. Beide Seiten müssen sich verständigen und gemeinsam bereit sein, konstruktive Lösungen zu finden, wenn es zu Erziehungsproblemen kommt oder Lernprozesse misslingen."

Die Formulierung der KMK ist entlarvend: w e n n es zu Erziehungsproblemen kommt! Darum geht es ja gerade. Vorher muss die Zusammenarbeit bereits auf einen guten Weg gebracht worden sein. Elternarbeit ist nicht vordringlich dazu da, Erziehungsprobleme zu lösen. Sie dient dazu, Lernprozesse von Kindern zu unterstützen und zu ermöglichen. Je besser Elternarbeit gelingt, umso weniger Probleme wird die Schule dann mit den Kindern haben.

Natürlich gibt es die Eltern, die manchmal in der Elternrolle überfordert sind. Warum auch nicht? Dass es immer mehr werden, daran hat die Gesellschaft – und Schule ist ein Teil von ihr – einen stattlichen Anteil. Statt sich über diese Eltern aufzuregen, sollte die Schule Unterstützung und Hilfe anbieten können und dazu beitragen, dass sie ihrer Aufgabe besser entsprechen können. Dies gelingt am besten in Kooperation mit anderen Professionen.

Die konstruktive Zusammenarbeit setzt ein Vertrauensverhältnis zwischen Schule und Elternhaus voraus. Wer Kinder verletzt, verletzt auch Eltern. Verbale Persönlichkeitsverletzungen sind in deutschen Schulen im europäischen Vergleich weit überdurchschnittlich. Das Verhältnis der deutschen Schülerinnen und Schülern zu ihren Lehrerinnen und Lehrern ist im internationalen Vergleich auch nicht besonders gut. Mit den biografischen Selektionsbrüchen bei Kindern in unserem Schulsystem ist diese Vertrauensbildung bei vielen Eltern und Kindern besonders schwierig. Die Kinder erfahren relativ wenig Unterstützung durch ihre Lehrerinnen und Lehrer. Solange und soweit die Schule sich nicht kontinuierlich um die Förderung der Kinder bemüht, sondern ihre Rolle auch in der verordneten Verweisung auf andere, niedrigere Bildungsgänge wahrnimmt, wird sie nur schwerlich Vertrauen bei den Eltern erzeugen können.

„Eltern und Lehrer haben sich in Deutschland verfeindet – zum Nachteil der Kinder", schreibt der Autor und Journalist Martin Spiewak in der ZEIT. Er hat Recht. Die Schuld jedoch liegt nicht vorrangig bei den Eltern und den Lehrerinnen und Lehrern, sondern bei der Politik, die es versäumt, Rahmenbedingungen für eine gelingende Zusammenarbeit zu schaffen und Selektionsprozesse zu verhindern.

Eltern bleiben oft Fremdkörper

Unsere Eltern sind in vielen Schulen „Fremdkörper". Wie Schule und Unterricht besser werden und das Lernen besser gelingt, das bleibt meist dem Gespräch der „Fachleute" überlassen. Eltern sollten sich aus der Sicht vieler Lehrer nicht dazu äußern. Ein fataler Fehler, wie man bei näherem Hinschauen sieht.

Der tatsächliche Einfluss vieler Eltern in der Schule tendiert gegen null. Zwar regeln Gesetze und unzählige Paragrafen, welche formalen Informationsrechte Eltern besitzen und welche Mitwirkungsmöglichkeiten sie haben. Die meisten schulischen Veranstaltungen sind jedoch Alibiveranstaltungen, in denen die Lehrer und Lehrerinnen, Eltern und Schüler eine Form der schematisierten Zusammenarbeit praktizieren, die für die die meisten Eltern wenig durchschaubar ist. Sie basieren auf rechtlichen, organisatorischen, strukturellen Vorgaben, von denen viele Eltern sich schlicht und einfach überfordert oder zumindest nicht angesprochen fühlen. Die Kommunikation in die Schulgemeinde hinein funktioniert zudem in der Regel nicht ausreichend, so dass Entscheidungen und Meinungsfindungen für die einzelnen Eltern nicht greifbar sind.

Die Politik hat bisher nur beschränkt die Voraussetzungen dafür geschaffen, dass die Schule die Zusammenarbeit mit jedem einzelnen Elternteil als einen vorrangigen Auftrag ansieht. So sind die Schulgesetze zwar voller Regelungen, wann wo welche Gremien einzuberufen sind, wer welche Antragsrechte besitzt, wie viele Eltern in welchen Gremien abstimmen dürfen und in welchen Fällen Eltern von den Elternvertretern vertreten werden. Welche Rechte jedoch die einzelnen Eltern besitzen, erfahren diese in der Regel nicht. Viele Schulen fühlen sich noch nicht einmal verpflichtet, die Hausordnung, das Schulprogramm der Schule oder Informationen über die Mitwirkungsrechte auszuhändigen.

Unsere Elternarbeit ist zu formal

In keinem Land der Welt sind die institutionellen Rechte der Eltern so verankert wie in Deutschland. Hier gibt es die Klassenel-
ternsprecher, die Schulsprecher, die Stadtelternsprecher, die Lan-
dessprecher (letztere freilich nicht überall). Ihre Rechte sind in den
Bundesländern in ausführlichen Abhandlungen geregelt. Damit
unterliegen sie der Kontrolle der Schulleitung, der Schulaufsicht
und der Ministerien. Elternarbeit wird in Verfahrensvorschriften
eingebettet, auf Gremien reduziert und damit für die Schule wunderbar kontrollierbar.

Die größte Sorge von neuen, engagierten Eltern in Deutschland
ist: Wo bekomme ich das nötige Rüstzeug her, um die Schule ver-
fahrenstechnisch zu durchdringen, um zu durchschauen, was dort
eigentlich passiert? Entsprechend voll sind Schulrechtsveranstal-
tungen für „Jung-Eltern". Verfahrensformen, Einspruchsfristen,
Einladungsfristen und Widerspruchmöglichkeiten – das Verhältnis
von Eltern und Schule wird in Deutschland zu einem Rechtsverhält-
nis, nicht jedoch zu einer persönlichen Begegnung. Der bürokrati-
sche Moloch Schule will von interessierten Eltern rechtlich erfasst
werden. Andere haben ohnehin keine Chance, die Komplexität der
Elternmitwirkung in Deutschland zu durchdringen.

Aus dieser Darstellung soll freilich nicht der falsche Eindruck
entstehen, die institutionalisierten Rechte der Eltern seien zu üppig
und sollten beschnitten werden. An der deutschen Schule als mit
Macht versehener Anstalt sind sie oft die einzige Möglichkeit für
Eltern, einiges von ihren berechtigten Ansprüchen durchzusetzen.
Individuelle Rechte gegenüber der Schule sind gerade an entscheidenden Stellen nur wenig formalisiert und noch weniger durchzusetzen.

Manche Elternvertreterinnen oder Elternvertreter neigen dazu,
der verlängerte Arm der Schulleitung zu werden. Die Interessen
der Eltern und Schülerinnen und Schüler werden aber nicht automatisch am besten vertreten, wenn ein möglichst harmonisches
Verhältnis zur Schulleitung besteht, sondern wenn Eltern klar und
deutlich ihre Interessen und die ihrer Kinder vertreten. Die natürliche Konfliktlage ist deshalb häufig programmiert.

Wenn Eltern ihren Einfluss in Deutschland vorrangig an den
Rechten festmachen, die ihnen die Mitwirkungsregelungen zuge-
stehen, dann entsteht für viele Eltern der Eindruck, dass ihr Indivi-
dualrecht, aber auch ihre Pflicht, sich als Eltern einzubringen, nicht

so wichtig ist. Elternarbeit erfolgt durch die Elternvertreter, ein Eindruck, der sich auch bei den Eltern einstellt.

Eine Qualitätsfrage für die Schule ist deshalb, wie sie die Zusammenarbeit mit den Eltern organisiert. Die im März 2006 vorgestellte DESI-Untersuchung (Deutsch-Englisch-Schülerleistungsuntersuchung-International) kommt zu dem Ergebnis: Schulen, deren Leiterinnen und Leiter über eine enge Zusammenarbeit zwischen Elternhaus und Schule berichten, haben stärkere Leistungszuwächse als andere Schulen, und zwar unabhängig von der Schulart und der Schichtzugehörigkeit der Eltern.

In den Elterngremien geht es nicht um das einzelne Kind, sondern immer um Kollektivinteressen, um die Organisation der Schule, um das Budget, die Lehrerversorgung, die Stundenplangestaltung, den Kontakt zu außerschulischen Partnern usw. Für Eltern sind diese Gremien durchaus wichtig. Aber diese Gremienarbeit kann nicht gerechtfertiger Weise den Namen „Elternarbeit" tragen. Sie würde besser „Schulparlamentsarbeit" heißen. Sie dient dazu, Kommunikationsprozesse zu kanalisieren und Einzelinteressen von Eltern übergeordneten Schulinteressen gegenüber in „vernünftige Bahnen" zu lenken. Gremienarbeit dient dazu, die Entwicklung einer Schule als Ganzes zu befördern, Organisationsfragen zu besprechen und Entscheidungen auf administrativer Ebene zu beraten und Voten auch im Sinne der Elternschaft abzugeben.

Formale Elternarbeit erreicht viele Eltern nicht

Je formaler die Mitwirkung für Eltern ist, umso mehr Eltern weigern sich, sich daran zu beteiligen. Diese Verweigerung ist bei den Eltern aus den Haupt- und Förderschulen ganz besonders groß. Elternabende in Haupt- und Förderschulen werden in vielen Schulen in städtischen Gebieten nicht mehr oder nur noch von ganz wenigen Eltern besucht. Ich kenne Hauptschulen, in denen in den meisten Klassen keine Elternabende mehr stattfinden, weil die Eltern nicht erscheinen. Was sollen sie auch in einer Schule, die Formen der Elternarbeit praktiziert, die ihnen völlig fremd sind? Wenn es vornehmlich um Tagesordnungspunkte oder um die Genehmigungen von Protokollen geht, fühlen sich viele Eltern fehl am Platze. Gleichzeitig vergibt die Schule die Chance, mit diesen Eltern in die Zusammenarbeit und ins Gespräch zu kommen.

Ein Schulleiter in einem Frankfurter Stadtteil mit einem hohen Anteil ausländischer Eltern und Kindern in einem schwierigen sozialen Umfeld erzählte mir, er veranstalte an seiner Schule immer wieder Schultreffen mit Singen, Spielen, Erzählen, Essen, gemeinsamem Sport. Fast alle Eltern kämen regelmäßig. „Dann bieten sich auch Anlässe, mit Eltern ins Gespräch zu kommen. Seither kommen Mütter, aber vereinzelt auch Väter, immer häufiger in die Schule. In der Mensa haben wir inzwischen einen Elterntreff eingerichtet. Aus dem losen Treffen haben sich viele Aktivitäten der Mütter und Väter für die Schule entwickelt. Mütter bieten Kochkurse an, Väter handwerken mit den Kindern. Einige Eltern treffen sich auch abends in der Schule zu Gesprächen über Erziehung, eine Sozialarbeiterin unterstützt sie dabei. Seither kann ich auch bei erzieherischen Maßnahmen auf eine große Unterstützung durch die Familien rechnen."

Auch in Hinblick auf die Elternarbeit muss Lehrerarbeitszeit neu definiert werden. Die Zusammenarbeit mit den Eltern ist viel mehr als ein Abfallprodukt, das so nebenher erledigt werden kann. Diese Auffassung wird der tatsächlichen Bedeutung nicht gerecht. Eine veränderte Elternarbeit braucht mehr Zeit, mehr Personal, Räume und Begegnungsmöglichkeiten in der Schule. Die PISA-Studie, die 2005 vorgestellt wurde, geht von aktiven und passiven Schulen aus. Die Öffnung und Bereitschaft von Schulen Eltern gegenüber ist ein wichtiges Merkmal von aktiven Schulen.

Öffnung und verbesserte Transparenz könnten zum Beispiel bedeuten, dass statt der Zwischenzeugnisse Eltern künftig alle Einzelnoten des Schülers nachgewiesen bekommen. Noten werden dann nicht mehr lediglich im Notenbuch der Lehrperson festgehalten, sondern gehen als schriftliche Mitteilung an die Eltern. Aber nicht nur Leistungsrückmeldungen wären wichtig, sondern auch Verhaltensrückmeldungen. Nicht im Rahmen von aussagelosen Kopfnoten, sondern im Austausch mit den Eltern. Dazu gehört auch der Austausch über häusliche Probleme, deren Kenntnis für Lehrerinnen und Lehrer wichtig ist, um das Verhalten der Schülerinnen und Schüler einordnen zu können. Umgekehrt wäre es für die Eltern wichtig zu wissen, wenn es in der Schule Probleme gibt. Zu den Gesprächen sollten die Kinder hinzugezogen werden. Aber auch dieses setzt eine Vertrauenskultur voraus.

Politik verhärtet die Fronten

Die Politik denkt sich in letzter Zeit immer neue Instrumente aus, mit denen Eltern und Schüler diszipliniert werden sollen. Sie suggeriert damit Lehrerinnen und Lehrern, dass sie auf diese Weise Probleme lösen könnten. Gleichzeitig entlässt sie damit jedoch die Eltern aus ihrer Pflicht, weil sie ihnen suggeriert, für die Erziehung seien Lehrerinnen und Lehrer zuständig. Die Verpflichtung zur gemeinsamen Erziehung wird mit solchen Methoden von vornherein konterkariert, weil wieder einmal ein Gewalt- oder Machtverhältnis aufgebaut wird.

Bußgelder sollen schneller und häufiger verhängt werden. Es wird diskutiert, als disziplinarische Maßnahme das Kindergeld zu streichen oder zu kürzen. Schülerinnen und Schüler sollen ab dem 14. Lebensjahr mit Bußgeldern belegt werden, wenn sie nicht regelmäßig zur Schule kommen. Die informierten Leserinnen und Leser wissen, dass derartige Ansätze schwerpunktmäßig aus einer speziellen politischen Richtung kommen und bei anderen weniger populär sind. Doch wo bleiben Hilfen, Unterstützung, vertrauensbildende Maßnahmen, die den Boden und die Grundlage für eine gelingende Zusammenarbeit mit den Eltern legen?

Die Bedeutung von Elternarbeit müssten die Kultusminister durch einen entsprechenden Anteil an der Lehrerarbeitszeit ausweisen. So sollten Klassenlehrerinnen und -lehrer nicht nur Beratungsstunden für ihre Klasse erhalten, sondern auch Beratungszeit für Elterngespräche. Erst recht angesichts einer im internationalen Vergleich ohnehin sehr hohen Unterrichtsverpflichtung.

Stattdessen nehmen die Überlegungen, wie der Einsatz von Lehrerarbeitszeit zur Erteilung des Unterrichtes gesichert werden soll, geradezu hysterische Züge an. Elternberatung soll etwa in Nordrhein-Westfalen außerhalb der normalen Unterrichtszeit stattfinden. Gleichzeitig ist die Unterrichtsverpflichtung so hoch, dass für Elternarbeit eigentlich keine Zeit mehr bleibt. Wieder einmal würde es sich lohnen, hinzuschauen, wie es unsere europäischen Nachbarn machen und welche Erfahrungen sie gesammelt haben.

Es gibt Absichtserklärungen der Länder, dass man sich künftig mehr um die Förderung von Migrantenkindern kümmern wolle. Sprachtests und Sprachförderung werden eingeführt. Die Kultusminister stellen fest, dass Eltern, die die deutsche Sprache nicht verstehen, in ihrer Herkunftssprache angesprochen werden müssen, wenn sie ihren Kindern helfen sollen. Das sind Erkenntnisse, die andere Länder schon seit Jahren umgesetzt haben. Doch Sprachlosigkeit herrscht nicht nur bei Migranteneltern, sondern auch bei Eltern, die nicht der bürgerlichen Mittelschicht angehören. Wer spricht wie und wann mit diesen Eltern?

Elternarbeit braucht Raum

Zu ernsthafter Elternarbeit gehören Räume, in denen Elternberatung und -unterstützung möglich ist. Beratungsgespräche im Kartenraum der Schule, im Krankenzimmer oder in der Abstellkammer sind wenig geeignet, eine sinnvolle Gesprächsatmosphäre zu erzeugen. Elternarbeit ist auch Öffentlichkeitsarbeit, also müssen solche Räume einladend und geschmackvoll eingerichtet sein. Ich finde übrigens, dass die angebotene Tasse Kaffee oder Tee zu einem professionellen Elterngespräch dazu gehört. Zu ernsthafter Elternarbeit gehört aber auch, Eltern anzurufen oder sie zu Hause aufzusuchen, wenn sie nicht in die Schule kommen. Früher nannte man dies Hausbesuche, heute spricht man von aufsuchender Elternarbeit.

Aber selbst wenn wir es in Deutschland in den nächsten Jahren schaffen, optimale räumliche Voraussetzungen in den Schulen herzustellen, bleiben die strukturellen Probleme bestehen. Eine konstruktive Zusammenarbeit ist aber nur möglich, wenn die Schule ein Vertrauensverhältnis zu den Eltern aufbauen kann. Wie aber soll eine Schule dies leisten, wenn sie gleichzeitig für Abschulung, Ausgrenzung oder Nichtversetzung verantwortlich ist, anstatt für Förderung, Begleitung, Hilfe und Unterstützung? Hier wird den Schulen die Quadratur des Kreises zugemutet.

Bereits in der Grundschule wird die Zusammenarbeit mit denjenigen Eltern am Ende schwierig, die sich durch die Vorbereitungen auf die weiterführende Schulform ausgegrenzt fühlen. Häufig findet in den letzten Monaten eine stärkere Förderung der Kinder statt, die auf das Gymnasium wechseln. Dies nehmen auch die Eltern und Kinder wahr, die eine Empfehlung für andere Schulformen bekommen haben. Bereits in dieser Phase wird die Elternarbeit von den Eltern als unglaubwürdig wahrgenommen.

Das Schulsystem selektiert auch die Eltern

Das selektierende deutsche Schulsystem führt dazu, dass Elternarbeit mit denjenigen Eltern, die man besonders unterstützen sollte und die einen engeren Kontakt benötigten, von Vorurteilen und negativen Erlebnissen geprägt ist. Im selektiven Schulsystem finden sich nach der Grundschule nicht nur Schüler, sondern auch Eltern in den unterschiedlichen Schulformen in relativ homogenen Gruppen wieder. Mit den gleichen negativen Folgen wie in den Klassen der Kinder: anregungsarm, wenig stimulierend und wenig motivierend. Eltern an den Hauptschulen, insbesondere in den Städten, erfahren: Normal ist, wenn keiner mehr zum Elternabend geht. Die Erfahrung an den Gymnasien ist eine andere: Hier ist der Elternabend in der Regel gut besucht und die Eltern bringen sich in die schulische Gremienarbeit ein.

Bei einem Vortrag an einem norddeutschen Gymnasium zum Thema Elternarbeit erklärte mir ein Vater, vielleicht könnten wir Eltern auch einen Beitrag für gelingende Zusammenarbeit von Schule und Elternhaus leisten, wenn wir nicht am Ende der Grundschulzeit getrennte Wege gingen. Damit würden wir verhindern, dass sich an den unterschiedlichen Schulformen unterschiedliche Standards für Elternzusammenarbeit etablieren würden. Eltern aus bildungsfernen Schichten würden sich bei einer entsprechenden Ansprache durch andere Eltern der Zusammenarbeit wahrscheinlich weniger entziehen.

Auch Eltern haben Schulangst

Manche Eltern finden nicht zur Schule. Das mag man beklagen und diese Eltern kritisieren, weil sie sich nicht um ihre Kinder kümmern. Man kann aber auch versuchen, herauszufinden, worin es liegt. Es gibt durchaus Eltern, die deshalb nicht kommen, weil ihnen unbehaglich zumute ist, sie sich fremd fühlen, dies aber nicht so formulieren wollen oder können. Denn nicht nur Schüler (und Lehrer) haben Angst vor der Schule, sondern auch Eltern: Jene von Hauptschülerinnen und Hauptschülern mehr als solche von Gymnasiasten. Je besser Eltern ausgebildet sind, je selbstbewusster sie sind, umso unbefangener bewegen sie sich in einer Schule.

Zwei österreichische Untersuchungen über das Verhältnis von Schule und Elternhaus, die in einer Ausgabe der Fachzeitschrift

„Erziehung & Unterricht" im Frühjahr 2006 veröffentlicht wurden, zeigen: Väter und Mütter, die mit den Leistungen ihrer Kinder nicht zufrieden sind, haben mehr Angst als jene, die mit den Noten ihrer Sprösslinge zufrieden sind. Die Ergebnisse dieser Untersuchung lassen sich ohne Probleme auch auf das deutsche Schulsystem übertragen. Denn in Österreich gibt es ebenfalls ein gegliedertes Schulwesen, mit den gleichen Problemen und schlechten Leistungsergebnissen wie bei uns.

Es gibt verschiedene Gründe und Arten von Angst bei den Eltern:

▸ Kompetenzangst (Gefühl, den schulischen Anforderungen nicht gewachsen zu sein),
▸ Leistungsangst (Noten und Beurteilungen lösen Angstgefühl aus),
▸ Zukunftsangst (Sorge um die schulische Zukunft des Kindes, verbunden mit der Sorge um das Nichterreichen einer bestimmten Ausbildung),
▸ soziale Angst (auf jegliche Art von sozialen Kontakten und Interaktionen zurückzuführende Angst).

Eltern mit nichtdeutscher Muttersprache wiesen bei den Untersuchungen deutlich höhere Werte bei der Kompetenzangst auf als Eltern mit deutscher Muttersprache. Gleiches gilt für Eltern mit negativen eigenen Schulerfahrungen, während Eltern mit positiven Schulerfahrungen im Vergleich deutlich weniger Angst zeigen.

Die Rechtslage legitimiert ein Gewaltverhältnis

Das Verhältnis von Elternhaus und Schule ist in Deutschland aufgrund der Rechtslage ein Gewaltverhältnis. Die deutsche Schule besitzt keine Tradition, Eltern auf Augenhöhe zu begegnen. Das Verhältnis wird von oben nach unten definiert oder über Abhängigkeit bestimmt. Großbritannien setzt auf Reflexion, gegenseitige Verpflichtungen, Kommunikation zur Unterstützung und Förderung des Kindes. So wollen die Briten ihre School-Agreements verstanden wissen. Schulverträge bergen bei uns die Gefahr, das Abhängigkeitsverhältnis nur durch neue Mechanismen zu untermauern.

In anderen Ländern sind diese School-Agreements – bei aller Kritik, die auch dort laut wird – dialogisch angelegt. Sie verstehen sich als Beginn eines Dialogs der Partner. Ihr Ziel ist die bessere

Kommunikation der Beteiligten. Sie sind die Voraussetzung zu mehr und besseren Informationen übereinander und zu mehr gemeinsamer Abstimmung zum Wohle des Kindes. Dazu gehört ein besseres gegenseitiges Kennen, die Bereitschaft zur Begegnung und die Offenheit der Schulen, Eltern zuzulassen und diese im Schulalltag willkommen zu heißen.

Die Forderungen nach Schulverträgen, Schulvereinbarungen und Schulverfassungen in Deutschland zeigen, dass man die Entwicklung anderer Länder zu kopieren versucht. Gleichzeitig vergisst man jedoch, dass in diesen Ländern dem Schulverhältnis ein anderer Geist, eine andere Kultur zugrunde liegt. In vielen Ländern der Welt gibt es ein Bildungsrecht, keine Bildungspflicht. Man muss seine Kinder nicht in die Schule schicken. Es wäre nicht denkbar, dass in einem Land wie Kanada Kinder mit der Polizei in die Schule gebracht würden, weil ihre Eltern sie selber unterrichten wollen oder gar Eltern zu mehreren Jahren Gefängnis verurteilt würden, wenn sie ihre Kinder nicht in die Schule schicken. Allerdings gibt es dort eine Nachweispflicht: Kinder müssen nachweisen, dass sie die Lernziele, die der Staat definiert hat, auch erreichen.

Das deutsche Schulsystem schafft in besonderer Art und Weise Konfliktpotenziale und Abhängigkeiten der Kinder und Eltern von Lehrern und Schule. Ich möchte hier als gravierendes Beispiel die Schullaufbahnentscheidung für die Kinder (in der Regel nach der vierten Klasse) erwähnen. Sie wird aus der Sicht von Eltern von zwei Fragen dominiert:
▸ Wo geht mein Kind nach der Grundschule hin?
▸ Kann mein Kind auf der gewählten Schule bleiben?
Andere wichtige Fragen nach Förderung, Entwicklung des Kindes spielen damit kaum eine Rolle.

Wer Eltern in eine ständige devote Abhängigkeitshaltung gegenüber der Schule zwingt und ab der Grundschule Zukunftsängste erzeugt, weil Schullaufbahnfragen im Vordergrund der schulischen Kommunikation stehen, darf sich nicht wundern, wenn das Verhältnis nicht von Vertrauen geprägt ist, sondern von Angst. Ich habe mich auch deshalb immer dafür eingesetzt, dass der Elternwille am Ende der 4. Klasse maßgeblich sein muss und nicht ausgehebelt werden darf. Eltern sind sonst zu fast jeder Rückgratverkrümmung bereit, damit ihre Kinder die richtige Schullaufbahnempfehlung erhalten.

Eltern können Einfluss gewinnen

Eltern sind für die Schule unverzichtbar. Diese Einsicht wächst immer dann, wenn die Einflussmöglichkeiten und das Engagement von einzelnen Eltern für die Schule unverzichtbar sind. Ich habe in meiner Laufbahn als Elternvertreterin an unterschiedlichen Schulen Spuren hinterlassen, die sich für die einzelnen Schulen ausgezahlt haben. Meine eigenen Kinder haben dieses Engagement freilich zuweilen mit weniger Begeisterung betrachtet, weil sie nicht in der Anonymität der Schülerschaft verschwinden konnten.

Exemplarisch möchte ich hier einige Beispiele nennen, um Möglichkeiten aufzuzeigen: Die Gründung eines Fördervereins, die Gründung eines Mensa-Vereins, die Anregung zum Anlegen eines Schulteichs, die Schaffung eines Schulkinderhauses, die politische Einflussnahme für den Umbau von Klassen- oder Fachräumen, zur Schaffung einer Aula oder für den Neubau eines Schultrakts mit einem Pädagogischen Zentrum. Aber auch inhaltlich habe ich mich in Gremien eingebracht und Schulprogramme, Schulprofile, Bildungsgänge mit auf den Weg gebracht. Ich habe dafür geworben oder Anträge formuliert, die die Einführung erst möglich gemacht haben.

Schulen brauchen solche Unterstützung. Dabei handelt es sich weniger um Elternarbeit als um bürgerschaftliches Engagement, wie es erfreulicher Weise auch in vielen anderen Institutionen zu finden ist. Gegenüber manchen anderen Formen solchen Engagements zeichnet sich der elterliche Einsatz für die Schule dadurch aus, dass häufig – aber keineswegs immer – die eigenen Kinder die Chance haben, in den Genuss dieses Engagements zu kommen. Als Eltern handele ich in der Schule aus dem Verständnis heraus, für Schülerinnen und Schüler Verbesserungen zu erreichen, und natürlich aufgrund der Identifikation mit der Schule meiner Kinder.

Das ist jedoch keine Elternarbeit im klassischen Sinne. Hier ist genauer zu differenzieren: Etliches, was am Ende unter dem Oberbegriff der Elternarbeit zusammengefasst wird, ist bei genauer Betrachtung keine Elternarbeit, sondern Schulparlamentsarbeit oder Lobbyarbeit. Lobby für die einzelne Schule oder für Schule allgemein, Lobby für eine Schulform, Lobby für eine bestimmte Politik.

Mein Fazit:

Eltern wollen das Beste für ihre Kinder. Sie haben einen wichtigen und nicht zu unterschätzenden Einfluss auf die Entwicklung ihrer Kinder. Diesen Schatz gilt es zu heben. Kindergärten und Schulen müssen eine neue Elternarbeit anbieten, die sich am Kind und am familiären Hintergrund orientiert. Es gilt, die Stärken der Eltern zu fördern, damit diese ihre Kinder unterstützen können. Präventive Elternarbeit verhindert Fehlentwicklungen. Sie führt zu guten Bildungsergebnissen bei den Kindern und zu erstaunlichen persönlichen Erfolgen bei den Eltern. Veränderte Strukturen würden es den Lehrern einfacher machen, Vertrauensverhältnisse aufzubauen.

Kapitel 12
Deutschlands Zukunft liegt in der Bildung

Deutsche Schulen müssen besser werden! Diese Erkenntnis aus dem mittelmäßigen Abschneiden der deutschen Schülerinnen und Schülern bei PISA-Studien ist überall angekommen und hat Reformen angestoßen. Die Aufmerksamkeit für notwendige Veränderungen ist zweifelsohne ein Verdienst der OECD, die die Leistungen von Schülerinnen und Schülern sowie deren Abhängigkeit von ihrer sozialen Herkunft in den Blick der Öffentlichkeit gerückt hat. Nach wie vor ist das deutsche Schulsystem in hohem Maße sozial ungerecht und eröffnet einer viel zu großen Zahl von Kindern und Jugendlichen keine Chance auf eine gute Bildung. Angesichts der bis zur Borniertheit gehenden Ignoranz der Stammtisch-Deutschen gegenüber der mehrfach attestierten geringen Qualität und des international ungenügenden Ranges ihres Bildungssystems kann der Einfluss dieser internationalen Organisation nicht hoch genug eingeschätzt werden. Er ist ein Glücksfall für das deutsche Bildungssystem und kann im günstigsten Fall eine radikale Reform ermöglichen.

Den internationalen Untersuchungen zur Leistungsfähigkeit des deutschen Schulsystems sei es gedankt, dass Deutschland anfängt, sich zu bewegen. Seither hat die Auseinandersetzung um das schulische Bildungsgeschehen eine erfreuliche Aufmerksamkeit hervorgerufen. Die Medien begleiten den Prozess mit kritischem Interesse und die Kultusminister haben die Akzente ihrer Tätigkeit seither verschoben: Die einen mehr in die Richtung der internationalen Entwicklungen, die anderen entschieden sich eher für einen Sonderweg Deutschlands, der sich an der Aufbruchstimmung der frühen fünfziger Jahre orientiert und daran anknüpft. Dass dieser Weg dauerhaft zu dem gewünschten Erfolg führt, mag bezweifelt werden. Außerdem muss berücksichtigt werden, dass die anderen Länder nicht schlafen, sondern sich ebenfalls bewegen. Wir müssen also nicht nur aufholen, sondern auch noch einholen.

Die Kultusministerkonferenz (KMK) hat für ihr Handeln nach den Ergebnissen der ersten PISA-Untersuchung sieben Handlungsfelder definiert. Diese ziehen sich wie ein Roter Faden durch ihre weiteren Beschlüsse:

▸ Maßnahmen zu Verbesserung der Sprachkompetenz.
▸ Maßnahmen zur besseren Verzahnung von schulischem und vorschulischem Bereich mit dem Ziel einer frühzeitigen Einschulung.

- Maßnahmen zur Verbesserung der Grundschulbildung und durchgängige Verbesserung der Lesekompetenz sowie des grundlegenden Verständnisses mathematischer und naturwissenschaftlicher Zusammenhänge.
- Maßnahmen zur wirksamen Förderung bildungsbenachteiligter Kinder, insbesondere auch Kinder und Jugendlicher mit Migrationshintergrund.
- Maßnahmen zur konsequenten Weiterentwicklung und Sicherung der Qualität von Unterricht und Schule auf der Grundlage von vereinbarten Standards sowie einer ergebnisorientierten Evaluation.
- Maßnahmen zur Verbesserung der Professionalität der Lehrertätigkeit, insbesondere im Hinblick auf diagnostische und methodische Kompetenz als Bestandteil systematischer Schulentwicklung.
- Maßnahmen zum Ausbau von schulischen und außerschulischen Ganztagsangeboten mit dem Ziel erweiterter Bildungs- und Fördermöglichkeiten, insbesondere für Schülerinnen und Schüler mit Bildungsdefiziten oder besonderen Begabungen.
- Vereinbarungen für mehr Selbstständigkeit von Schulen.

Wirkliche Fortschritte fehlen

Es herrscht Einigkeit darüber, dass eine demokratische Gesellschaft ein gravierendes Problem hat, wenn Schüler aus bildungsnahen Elternhäusern bei gleichen intellektuellen Fähigkeiten eine mehr als sechs mal so große Chance haben, das Abitur abzulegen, als solche aus sozial benachteiligten Schichten. Gleiche kognitive Voraussetzungen bei Kindern, die unterschiedliche Schulformen besuchen, führen dazu, dass diejenigen, die eine Hauptschule oder eine Realschule besuchen, gegenüber den Kindern, die ein Gymnasium besuchen, im Lernzuwachs deutlich benachteiligt sind. Und das wiederum bedeutet: Nicht die kognitiven Voraussetzungen der Kinder sind ausschlaggebend für die Lernergebnisse, sondern die Art ihrer Förderung und die Lerngruppe.

Diese Erkenntnisse, die wissenschaftlich belegt sind und die uns von der OECD immer wiedernahe gelegt werden, führen in Deutschland gleichwohl nicht zu den richtigen Schlüssen. Deshalb sind wirkliche Fortschritte nicht festzustellen. Wenn ein Schulsystem der gesellschaftlichen Benachteiligung nicht entgegenwirkt, sondern sie stattdessen noch verstärkt, ist etwas faul im System und auch im Staat. Ein demokratischer Staat, der so handelt, entzieht sich dauerhaft die Grundlage für seine Wettbewerbsfähigkeit und sein gesundes Überleben.

Leider behält das denkgewohnte Schema des begabungsgerechten, dreigliedrigen Schulsystems eine relativ breite Akzeptanz in allen Gesellschaftsschichten. In Deutschland scheint plausibel zu sein: Schule gelingt besser und Schüler lernen besser, wenn sie ihrer angeblichen Begabung gemäß in drei Klassen aufgeteilt werden: Die Begabtesten ins Gymnasium, die etwas weniger Begabten in die Realschule, die intellektuell wenig, dafür eben „praktisch" Begabten, in die Hauptschule. Das „dreigliedrige" Schulsystem ist sicherlich das spektakulärste Überbleibsel der gesellschaftlichen Dreiklassengesellschaft des neunzehnten und frühen zwanzigsten Jahrhunderts in Deutschland.

Das deutsche Schulsystem definiert – heute erheblich schärfer als etwa vor fünfzig Jahren – erneut drei Schichten über die drei verschiedenen Bildungswege, die es vorhält. Über Bildungswege werden die Zukunftschancen des Einzelnen ganz wesentlich bestimmt. Wer nach der vierten Klasse auf eine der „Restschulen" kommt, kann seine Lebensträume praktisch begraben. Und für dieses System, für den Erhalt der Hauptschule, kämpfen verbissen diejenigen, die das Gymnasium erhalten wollen, um ihren Kindern ein privilegiertes Aufwachsen zu sichern. Ich finde, das ist ein echtes Armutszeugnis einer Gesellschaft, die gleichzeitig den Abbau der Sozialsysteme durch die Politik beklagt.

Die Strukturfrage muss gestellt werden

Trotz dieser insofern unveränderten Lage hat sich in den letzten fünf Jahren in den Schulen mehr bewegt als in den zwanzig Jahren davor. Dabei hat man jedoch die Bedeutung von Eltern für den Bildungserfolg ihrer Kinder nicht ausreichend wahrgenommen und als Dogma formuliert, dass die Strukturfrage offiziell nicht gestellt werden darf.

Dennoch ist die Strukturfrage zu stellen. Sie ist kein Selbstzweck, wie von den Gegnern einer Diskussion immer wieder angeführt wird. Ihre Diskussion dient vielmehr einer effizienten Weiterentwicklung des Schulsystems mit dem Ziel, für alle Schülerinnen und Schüler einen bestmöglichen Bildungserfolg zu sichern und soziale

Ungerechtigkeiten des Systems weitgehend zu verhindern. Unsere Strukturen sind Spiegelbild eines Wertesystems. Deshalb gehören sie auf den Prüfstand.

Verbündete für eine Reform finden sich in allen Lagern

Langfristig dürfte nach einer jüngsten Analyse des britischen „Economist" Deutschland keine andere Wahl haben, als sein gegliedertes Schulsystem zu reformieren. Bei einer solchen Reform wird es sich nach meiner Einschätzung weniger um das Ergebnis rationaler intellektueller Erkenntnis oder gar moralischer Abschätzung handeln als vielmehr um die Folge wirtschaftlicher Notwendigkeit. Angesichts der schlechten Ergebnisse in den internationalen Leistungsuntersuchungen hatte sich die Handwerkskammer Baden-Württemberg schon sehr früh in einer Erklärung für die Reform des gegliederten Systems, hin zu einer Schule für alle, ausgesprochen. Weitere Handwerkskammern in anderen Bundesländern folgten. Initiativen aus Kreisen der Evangelischen Kirche, von Seiten der Lehrerverbände, der Wirtschaft und aus Teilen der Elternschaft sind ebenfalls bekannt.

Immer mehr Verbündete lassen sich in der letzten Zeit ausmachen. Wer sich objektiv und ohne Scheuklappen mit dem Thema auseinandersetzt, hat eigentlich keine Wahl, die Forschungsergebnisse anders zu interpretieren, auch wenn es einige immer wieder versuchen. Wer hätte je vermutet, dass Lothar Späth, ehemaliger Ministerpräsident von Baden Württemberg, oder Hans Werner Sinn, Leiter des Ifo-Institutes, zu den Befürwortern eines integrierten Schulsystems zählen würden?

So schreibt Hans Werner Sinn in seinem Gastbeitrag „Alte Ideologien" für die Wirtschaftswoche (11/2006): „Das dreigliedrige Schulsystem, mit dem wir weltweit nahezu allein stehen, passt nicht mehr in die heutige Zeit. Es reflektiert die Drei-Klassen-Gesellschaft des 19. Jahrhunderts. Früher sprach man ehrlicherweise von der Volksschule, der Mittelschule und der Oberschule. Damit gab man implizit zu, dass man für das Volk, die Mittelschicht und die Oberschicht drei verschiedene Schulen vorgesehen hatte."

Und er führt weiter aus: „Der Weg ist falsch, auf dem Deutschland bislang versucht hat, Gleichheit und Gerechtigkeit im Inneren zu erzielen. Weil wir durch unser Schulsystem die Chancengleichheit mit den Füßen treten, brauchen wir einen exzessiven Sozialstaat, um das wünschenswerte Maß an Gleichheit wenigstens im Nachhinein herzustellen. Die Unterprivilegierten holen sich auf dem Wege der demokratischen Umverteilung, was ihnen bei der Ausbildung verwehrt wurde. Das ist teuer und leistungsfeindlich. Die hohe deutsche Arbeitslosigkeit und das miserable Wachstum haben genau hier ihre zentrale Ursache."

Lothar Späth hat sich im Handelsblatt (22. Februar 2006) unter dem Titel „Neue Schulen braucht das Land" ebenfalls gegen das „hergebrachte Drei-Klassen-(Schul-)System" ausgesprochen und eine geänderte Lehrerbildung gefordert, die „individuelle Schwächen ausgleicht und Talente fördert". Man darf sehr gespannt sein, wie lange die Kultusminister der Länder in ihrem selbst verordneten Denkverbot verharren. Es ist an der Zeit, dass sich prominente deutsche Wissenschaftlerinnen und Wissenschaftler einen Ruck geben und deutlicher und weniger verklausuliert als bisher Position zu den Erfordernissen des Umbaus unseres Bildungssystems beziehen.

Die Signale gehört, aber nicht verstanden

Das neue Schulgesetz in Nordrhein-Westfalen weist keinen Ausweg aus dem Dilemma. Was in Nordrhein-Westfalen als Schulgesetzänderung auf den Weg gebracht wird, enthält viele Absichtserklärungen, doch wenig fundiertes Wissen um die Mechanismen und Bedingungen von Förderung und Bildung von Kindern und Jugendlichen. Vor allem aber basiert es auf einem überholten Bildungsbegriff, der sich auf die Dreigliedrigkeit des Schulsystems stützt und von begabungsgerechten Schulformen ausgeht.

Die schulpolitische Neuorientierung setzt auf eine größere Durchlässigkeit im bestehenden dreigliedrigen System. Gleichzeitig wird der Elternwille bei der Wahl der Schulform am Ende der Grundschule eingeschränkt. Doch wenn die Durchlässigkeit im System erhöht werden soll, warum müssen die Eltern sich dann am Ende der Grundschulzeit dem Diktat der Grundschule fügen?

Wer in NRW oder Baden-Württemberg abweichend vom Grundschullehrgutachten sein Kind auf eine weiterführende Schule schicken will, muss zuvor sein Kind an einem dreitägigen Dauertest mit unbekannten Lehrern, unbekannten Schülern, an ungewohntem Ort teilnehmen lassen. Die bildungsorientierten Eltern werden ihre Kinder, sofern sie davon überhaupt betroffen sein werden, optimal darauf vorbereiten oder vorbereiten lassen.

Insgesamt steigt der Druck auf die Kinder durch solche Regelungen bereits in der Grundschule. Je weniger die Eltern bei der Schulwahl Einfluss nehmen können, umso größer wird der Druck auf die Leistungen der Kinder. Umso mehr steigt die Nachfrage nach Nachhilfe bereits in der Grundschule. Umso stärker werden sich die sozialen Unterschiede und Möglichkeiten in der Grundschule bemerkbar machen. Um eine bessere und individuellere Förderung im Laufe der Schullaufbahn zu ermöglichen, sollte den leistungsfähigeren Schülerinnen und Schülern die Möglichkeit eröffnet werden, stärker als bisher vom „Aufstieg" in andere Schulformen Gebrauch zu machen. Darum hat die Landesregierung von NRW den Anspruch auf individuelle Förderung im Gesetz verankert. Dieser Anspruch ist aber nur eine Absichtserklärung und kein Rechtsanspruch. Es ist zu befürchten, dass dies eine rein deklamatorische Politik ohne realen Hintergrund bleibt.

Eine einmal gewählte Schulform soll nach Auffassung der NRW-Landesregierung keine Sackgasse sein. Förderung durch Umsteigen im Schulsystem heißt die neue Devise. Dabei wird allerdings völlig übersehen, dass Umsteigen zwischen Zügen, die mit unterschiedlichem Tempo fahren und an unterschiedlichen Bahnhöfen halten, nicht möglich ist. Hier werden Illusionen verkauft.

UN-Menschenrechtskommission schickt einen Inspektor

Der Besuch des Bildungsexperten Vernor Muñoz aus Costa Rica Anfang 2006 in Deutschland, initiiert von der UN-Menschenrechtskommission, wird nicht ohne Folgen bleiben. Während seines Besuches hinterfragte er immer wieder kritisch das Recht auf Bildung für alle. Er legte den Finger auf den gesellschaftspolitischen Skandal der Bildungsbenachteiligung in Deutschland. Das ist gut so, denn Deutschland muss auf dem Weg in ein besseres und gerechteres Bildungssystem aus der ideologischen Sackgasse herausfinden. Die Frage danach, inwieweit das gegliederte Schulsystem nicht fördernd ist, sondern diskriminierend wirkt, darf zukünftig kein Tabuthema mehr sein.

2007 soll ein ausführlicher Bericht von Muñoz vorgelegt werden. Muñoz war durchaus in der Lage, die fehlenden Integrationsmechanismen und die bestehenden Selektionsmechanismen zu bemerken. Dabei wird er sicherlich auch der Frage nachgehen, ob die Deutschen mit ihrem Schulsystem die Menschenrechte verletzen. Erste Einlassungen von ihm lassen vermuten, dass er genau zu diesem Schluss kommen könnte. Die Schule, die ihm besonders gut gefallen hatte, war auf jeden Fall eine Gesamtschule.

Migrantenkinder haben es noch schwerer

Der erste Deutsche Bildungsbericht wurde am 1. Juni 2006 vorgelegt. Er zeigt:

▸ Über 40 % der in Deutschland aufwachsenden Schülerinnen und Schüler mit Migratinshintergrund verfügen nicht über grundlegende Kompetenzen in den Bereichen Lesen, Mathematik und Naturwissenschaften.

▸ Nach dem Kriterium der Staatsbürgerschaft sind die Hälfte der Schülerinnen und Schüler mit Migrationshintergrund deutsche Staatsangehörige.

▸ Inzwischen ist es für Kinder mit Migrationshintergrund ähnlich obligatorisch wie für solche ohne Migrationshintergrund, eine Kindertageseinrichtung zu besuchen. Kinder mit Migrationshintergrund werden jedoch nur halb so häufig vorzeitig, doppelt so viele aber verzögert eingeschult.

▸ Schülerinnen und Schüler mit Migrationshintergrund besuchen seltener ein Gymnasium aber häufiger eine Hauptschule als diejenigen ohne diesen Hintergrund.

▸ Die Zahl dieser Schülerinnen und Schüler ohne Schulabschluss ist wesentlich zu hoch und die Quote der Jugendlichen an den Ausbildungsplätzen ist besorgniserregend gesunken.

▸ Abhängig von sozialer Herkunft sprechen Schülerinnen und Schüler an Schulen mit einem hohen Migrantenanteil auch zuhause und im Freundeskreis nicht Deutsch.

▸ Staaten mit klar strukturierten Förderprogrammen erzielen bessere Erfolge.

Dieses Ergebnis wurde 2006 vorgelegt, nachdem die Kultusministerkonferenz der Länder viereinhalb Jahre zuvor im Dezember 2001 ihre weiter oben zitierten sieben Handlungsfelder nach PISA 2000 vorgelegt und nach PISA 2003 weitergehende Maßnahmen beschlossen hatte.

Die Unfähigkeit unseres Bildungssystems, Kinder von Einwanderungsfamilien zu integrieren, darf als besonders beschämend angesehen werden. Der Bildungsbericht bestätigt den Befund der jüngsten Analyse der PISA-Ergebnisse unter Migrationsaspekten (2006). Diese Sonderauswertung ging der Frage nach, in welchem Land Schülerinnen und Schüler mit Migrationshintergrund die größten Erfolgsaussichten haben. Der Bericht spricht von einer extrem geringen Wirksamkeit des deutschen Schulsystems für die Kompetenzentwicklung der Jugendlichen aus Migrationsfamilien und stellt Deutschland damit wieder einmal ein verheerendes Zeugnis aus.

Die bisher eingeleiteten Maßnahmen reichen nicht aus, um die Zukunftsfähigkeit unseres Landes zu sichern. In allen Bildungsphasen, die ein Mensch durchläuft, diagnostiziert der Deutsche Bildungsbericht große Probleme und schwerwiegende Mängel. Dazu gehören die unzureichende Erzieherinnenausbildung, fehlende Anerkennung von Kindertageseinrichtungen als Bildungseinrichtungen und damit Beitragsfreiheit für alle Kinder, Chancenungleichheit an den Schulen, Probleme des dualen, berufsbildenden Systems, überfüllte Hochschulen, der schrumpfende Weiterbildungsbereich und die mangelhafte Finanzierung des Bildungswesens.

Beispielhaft für andere Institutionen außerhalb der Schule sei hier auf die Regionalen Arbeitsstellen zur Förderung von Kindern und Jugendlichen aus Zuwandererfamilien (RAA) verwiesen. Die RAA NRW initiieren erfolgreich die Zusammenarbeit unterschiedlicher Bildungsakteure. Die Projekte der RAA haben zum Ziel, modellhaft und zeitlich befristet zu arbeiten. Mit ihren Projekten wollen sie Entwicklungen anstoßen, die eine Öffnung der Regelsysteme mit Blick auf eine erfolgreiche Integration von Zuwanderern verfolgen.

So haben die RAA sehr früh erkannt, dass eine gute und effektive Zusammenarbeit mit den Eltern, speziell mit den Müttern von Zuwandererfamilien, die Grundvoraussetzung für einen besseren Bildungserfolg der Kinder ist. Die Regionalen Arbeitsstellen unterstützen Eltern und arbeiten zugleich mit anderen Bildungseinrichtungen zusammen. Sie praktizieren einen integrativen Bildungsansatz, der bundesweit beispielgebend ist und der längst in die Fläche umgesetzt werden müsste.

Die Menschen fordern Veränderungen

Die Tabus in der Bildungsdebatte scheinen aufzubrechen. Weniger auf der Ebene der Politik als an der Basis, bei den Menschen, die den Anschluss an internationale Standards für ihre Kinder für wichtig halten; bei denen, die reisen, andere Länder kennen, andere Schulsysteme für sich oder ihre Kinder erfahren haben und sich in Deutschland immer weniger gut aufgehoben wissen.

„Warum kann die Politik nicht endlich die richtigen Entscheidungen treffen?" „Mein Kind ist mir zu kostbar, als dass ich es dem Versuchslabor Schule aussetzen will." „Warum kann die Schule uns Eltern nicht ernst nehmen, wir kennen unser Kind am besten?" So oder ähnlich lauten die Fragen und Äußerungen von Eltern, die sich ein anderes System für ihre Kinder wünschen. Dabei wollen Eltern, dass Kinder lernen, gefordert werden, sich anstrengen, zur Leistung erzogen werden.

In immer mehr öffentlichen Veranstaltungen fordern die Bürger einen Wandel des Systems. Änderungen brauchen Zeit. Aber wir haben nicht beliebig viel Zeit. Wir sind eine schrumpfende Gesellschaft. Jedes Kind muss uns wichtig sein. Im Interesse des Kindes, aber auch im Interesse der Gesellschaft. Wir brauchen einen breiten gesellschaftlichen Konsens darüber, wie Schule zukünftig aussehen soll. Welche Aufgaben sie erfüllen soll.

Die Eltern, deren Kinder heute die Kindergärten und Grundschulen besuchen, möchten zu einem großen Teil ein anderes System für ihre Kinder als das heutige. Auf ihre Bedürfnisse müssen wir Rücksicht nehmen und dürfen nicht nur auf diejenigen hören, die ihre Kinder schon längst im System haben oder – schlimmer noch – schon lange nicht mehr haben, sich aber für den Erhalt des „Alten" vehement einsetzen.

Die neuen Bundesländer, aber auch einige alte Bundesländer sehen sich aufgrund des demographischen Wandels nicht mehr in der Lage, die Dreigliedrigkeit flächendeckend aufrechtzuerhalten. Es fehlen einfach die Kinder, die in ein drei- bzw. vier- bis fünfgliedriges System gehen könnten. Hier wird weniger abstrakt diskutiert, sondern es werden Weichen für neue Strukturen im Schulsystem gestellt. Die neuen Bundesländer übernehmen dabei eine Vorreiterrolle. Erstaunlich sind laut PISA zudem die Leistungszuwächse, die gerade in den neuen Bundesländern dort festgestellt worden sind, wo Haupt- und Realschule zu einem System zusammengefasst wurden. Auch Schleswig-Holstein als Flächenland mit einer niedrigen Bevölkerungszahl und Hamburg als Stadtstaat haben die Weichen für Veränderungen im Schulsystem gestellt.

Andererseits ist es erstaunlich, dass die Flächenstaaten Niedersachsen, Nordrhein-Westfalen und Hessen die Reanimierung des gegliederten Systems durch eine entsprechende Gesetzgebung erneut festgeschrieben haben oder festschreiben. Hier scheint der Gestaltungswille weniger von vorliegenden wissenschaftlichen Erkenntnissen geprägt zu sein als durch den unkritischen Eifer, Bayern und Baden-Württemberg zu kopieren, um an die vermeintlichen Erfolge dieser Länder anknüpfen zu können.

Deutschland sucht den internationalen Anschluss

In allen Bundesländern wird der Anschluss an moderne Schulentwicklungen gesucht. Erstaunliche Fortschritte sind festzustellen, die durch systematische Qualitätssicherung, verbunden mit internen und externen Qualitätsüberprüfungen, bewirkt werden. Gleichzeitig erhalten die Schulen deutlich mehr und größere Verantwortung. Schulen müssen sich mehr – und auch zunehmend Eltern und Schülern gegenüber – für ihre Arbeit rechtfertigen. Der Prozess geht mir persönlich zwar zu langsam, aber er ist eingeleitet und die Fahrt in den Ländern nimmt unterschiedlich an Tempo zu.

Die Verabredung von Bildungsstandards sowie eine ergebnisorientierte Überprüfung und Kontrolle sind in der Zwischenzeit in allen Ländern und allen Schulen etabliert. Die Einführung von Standards und deren regelmäßige Überprüfung sollen zu einer Transparenz der Leistungen von Schülerinnen und Schülern führen, aber auch die unterschiedlichen Leistungen der Schulen dokumentieren. Sie sollen zudem Anlass geben, sich auch über Einzelleistungen von Klassen oder Lehrerinnen und Lehrern auszutauschen und darauf regulierend oder korrigierend zu reagieren. Zentrale oder teilzentrale Abschlussprüfungen am Ende der Sekundarstufe I und am Ende der Gymnasialen Oberstufe sind ebenfalls in der Kultusministerkonferenz verabredet worden. Diese zentralen Abschlüsse werden von der Wirtschaft, den Unternehmen und von Hochschulen als Eingangsvoraussetzung für die weitere Bildungskarriere eingefordert und vorausgesetzt.

Der Ruf nach zentralen Abschlüsse hat bei uns folgenden Hintergrund: Die Fähigkeiten, mit denen Schulabgänger die Schulen verlassen, sind in den letzten Jahren immer wieder als höchst defizitär beklagt worden. Die Tatsache, dass ein Bundesland möglichst viele Abschlüsse vergab, sagte nichts über die Qualität dieser Abschlüsse aus. Ganz im Gegenteil: Eine Vielzahl hoher Abschlüsse erzeugte den Verdacht niederer Qualität. Anders ließe sich wiederum im Gegenschluss z. B. die extrem niedrige Quote bayrischer Abiturienten gar nicht rechtfertigen. Wenn Abschlüsse keine Garantie über Können und Fähigkeiten dokumentieren, sind sie für die Jugendlichen eher schädlich als nützlich. Auf diese Art und Weise sind Abschlüsse ganzer Schulformen in einen gesellschaftlichen Verruf geraten und entwertet worden. Inwieweit diese Entwertungen gerechtfertigt waren, sei einmal dahingestellt.

Testen verkürzt den Bildungsbegriff

Leistungsmessung und Leistungsüberprüfung sind nur eine Seite der Medaille. Auf der anderen Seite liegt der Weg der Vermittlung von Kenntnissen, die Bildung und Förderung der jungen Menschen. Zu Recht lautet ein geflügeltes Wort: Durch Wiegen alleine ist noch keine Sau fett geworden. Und vom Testen alleine wird auch die Bildung der jungen Generation nicht verbessert werden.

Das Überprüfen von Leistungen beschränkt sich zudem im Wesentlichen auf die Kernfächer: Deutsch, Mathematik, Naturwissenschaften und Sprachen. Es besteht die Gefahr, dass andere Lerninhalte und Fächer an Bedeutung verlieren, weil sie nicht in die regelmäßige Prüfung aufgenommen werden. Damit wird man dem Anspruch, „Für das Leben lernen wir und nicht für die Schule" natürlich nicht gerecht. Pädagogen und Bildungswissenschaftler befürchten zu Recht, dass damit eine umfassende Bildung verloren geht oder besser: noch mehr verloren geht.

Äußerungen aus Bayern und unlängst auch aus NRW, dass man eben für die Tests zu lernen habe, basta, scheinen diese These zu stützen. Aber auch Erfahrungen aus den USA und aus England bestätigen die Gefahr einer solchen Entwicklung. Wenn am Ende nur noch für Tests und zentrale Prüfungen gelernt wird, ergibt sich eine Verkürzung des Bildungsbegriffs, den Eltern so nicht dulden dürfen. Damit wird die Schule nicht besser, die Schülerinnen und Schüler werden nicht klüger, aber die Politiker glücklicher, weil sich endlich überprüfbare Erfolge des Systems einstellen.

Neben allen Bemühungen um gute Ergebnisse bei den internationalen Schulstudien hat Deutschland die Debatte darüber, was Kinder und Jugendliche eigentlich lernen sollen und müssen, immer noch nicht ausreichend und ernsthaft geführt. So ist beispielsweise keineswegs explizit geklärt, ob in den internationalen Vergleichen die Inhalte abgeprüft werden, die wir für wichtig halten. Auch wenn unterstellt werden kann, dass wir in dieser Frage zu einem positiven Ergebnis kämen, darf vorweggenommen werden, dass die Diskussion hierüber keineswegs konfliktfrei wäre. Ähnliches gilt auch für nationale Vergleiche.

Wir müssen uns über Inhalte für die Zukunft verständigen

Durch die Dreigliedrigkeit des Schulsystems werden die Gymnasiasten vom praktischen Lernen fern gehalten und die Hauptschüler vor zu vielen kognitiven Inhalten „geschützt". Am Ende kann der Gymnasiast weder kochen noch ein Fahrrad reparieren und der Hauptschüler hatte nie die Möglichkeit, für sich festzustellen, ob er mit seinen Fähigkeiten nicht ein höheres Kompetenzniveau in den Fremdsprachen oder den Naturwissenschaften hätte erreichen können.

Ich behaupte: Ein Instrument zu spielen, ist genauso wichtig, wie den Dreisatz zu beherrschen; eigentlich sogar noch wichtiger, wenn ich überlege, welche langfristigen emotionalen, sozialen und intellektuellen Vorteile Kinder durch das Musizieren haben. Dies ist übertragbar auf Kunst, Sport oder soziale Aktivitäten wie das Leiten von Jugendgruppen. Auch darin sind uns erfolgreiche integrierte Systeme in anderen Ländern voraus. Dort ist Lernen breit angelegt; es umfasst die gesamte Persönlichkeit, mit allen Fähigkeiten, Begabungen und Dimensionen des Menschen, und es werden keine strukturellen Grenzen und Hürden eingebaut.

Bildung soll die jungen Menschen auf das Leben und auf die Erfordernisse der Zukunft vorbereiten. Es bleibt die Frage offen, welche Anforderungen den jungen Menschen zukünftig begegnen, welche Fähigkeiten sie mitbringen müssen, um diesen entsprechen zu können. Nur so viel ist klar: Es wird immer weniger um abfragbare Lerninhalte gehen, sondern um Kompetenzen, mit denen der junge Mensch komplexe Herausforderungen bestehen kann. Eine Generaldebatte über die Bildungsinhalte, die in der Schule zu vermitteln sind, hat es in Deutschland in den letzten zehn Jahren nicht gegeben. Erkenntnisse der Neurobiologie und der Gehirnforschung sind ebenfalls noch nicht im Schulalltag angekommen.

Lernen ist von vielen Einflüssen, Lernorten, Menschen, Begegnungen, Erfahrungen abhängig. Unterricht als Vermittlungsinstanz von Wissen ist in der Regel nur für ein Drittel des Wissens von Kindern und Jugendlichen verantwortlich. Mehr als in der Schule lernen die Kinder und Jugendlichen zuhause, in der Freizeit und mit ihren Freunden. Die Einflüsse, denen Kinder und Jugendliche untereinander ausgesetzt sind, haben einen enormen Anteil am Wissenserwerb. Deshalb ist es auch so wichtig, einen Austausch unter der Gesamtpopulation der Schülerinnen und Schüler zu ermöglichen, der dann wiederum gewinnbringend für alle ist.

Wie schnell sich notwendige Veränderungen in den Schulen und im Bildungssystem in Deutschland umsetzen lassen, darauf haben Eltern einen erheblichen Einfluss. Auch hier gilt: Wissen bildet. Wer über die besseren Förderbedingungen und -möglichkeiten einer veränderten Schule Bescheid weiß, kann Vorstellungen formulieren, Forderungen aufstellen und ihre Erfüllung von Schule und Politik verlangen. Das Tempo, mit dem sich Veränderungen vollziehen werden, wird sehr stark von den gebildeten und selbstbewussten Bürgerinnen und Bürgern unseres Landes mitbestimmt. Wir verfügen heute über unendlich viel Wissen und Informationen darüber, wie Schule und Bildungseinrichtungen aufgestellt und angelegt sein müssten, aber wir setzen es nicht um.

Gegenüber den professionell und – eingeschränkt – auch gegenüber den politisch mit Schule befassten Verantwortlichen haben die Bürgerinnen und Bürger, speziell die Eltern, einen entscheidenden Vorteil: Sie unterliegen keinen institutionellen Zwängen, sie sind frei, ihre Erkenntnisse und ihre Forderungen zu formulieren. Diese Freiheit sollte nicht unterschätzt werden – und sie sollte genutzt werden.

Mein Fazit:

Was über viele Jahrzehnte gewachsen ist, verliert nicht von heute auf morgen seine Gültigkeit in den Köpfen der Menschen. Sicherheit und Vertrautheit stehen auf dem Spiel. Der Mensch ist ein Gewohnheitstier, und das ist in allen zurzeit anstehenden Bildungsfragen fatal. Es bedarf unermüdlicher, weitsichtiger, vertrauenerweckender und nicht zuletzt einflussreicher Frauen und Männer, um den schwerfälligen Tanker Schulsystem auf einen neuen Kurs zu bringen. Und es bedarf einer lauten Mannschaft, die – zur Meuterei entschlossen – notfalls die Vertrauensfrage stellt.

Epilog

Eine demokratische Gesellschaft braucht ein ganzheitliches Bildungskonzept, das die Verantwortung aller gesellschaftlichen Gruppen für die Bildung der jungen Generation festschreibt. Eine demokratische Gesellschaft hat alle Bildungspotenziale entsprechend der individuellen Fähigkeiten und Begabungen, aber unabhängig von Herkunft und sozialem Hintergrund, zu fördern und auszuschöpfen.

Davon hängen der Zusammenhalt unserer Gesellschaft, der soziale Frieden und – nicht zuletzt – der Erfolg unserer Gesellschaft ab. Schule darf deshalb nicht kurzfristigen parteipolitischen Zielen untergeordnet werden. Schulpolitik erfordert einen breiten Diskurs, begleitet von umfassender Information mit dem Ziel, einen gesellschaftlichen Konsens über die Ziele und die Wege der Bildung zu erhalten. Diesen Konsens gibt es in unserer Gesellschaft nicht mehr. Allerdings zeichnet sich ab, dass das Bildungsbarometer mehr und mehr in Richtung einer gemeinsamen Schule für alle steigt.

Bildungsausgaben sind Zukunftsinvestitionen. Das Bildungssystem in Deutschland ist nach wie vor unterfinanziert. Hier muss dringend nachgelegt werden, auch wenn die öffentlichen Haushalte seit Jahren hoch verschuldet sind. Wir haben keine andere Wahl. Nur wenn wir Bildung als Standortfaktor ernstnehmen, aufholen und massiv investieren, hat Deutschland eine Chance, unter den wesentlichen Global Players auch zukünftig eine Rolle zu spielen.

Das Bildungssystem beginnt nicht erst mit der Schule, sondern setzt mit der Hilfe und Unterstützung für Eltern am ersten Tag nach der Geburt der Kinder ein. Bildungsangebote im vorschulischen Bereich gehören ebenso dazu wie eine sinnvolle und gute Ausbildung nach der Schule.

Bildung von Anfang an, für alle, ohne Beschämung und damit auf der Grundlage einer dem jungen Menschen zugewandten Pädagogik ist meine Vision für Deutschland.

Glossar

Bundeselternrat / Elternvertretungen (www.bundeselternrat.de)

Der Bundeselternrat feierte 2002 sein 50-jähriges Bestehen. Er versteht sich als die Spitzenorganisation der Landeselternvertretungen. Diese wiederum vertreten die Eltern von Schülerinnen und Schülern auf der Ebene der Bundesländer.

Landeselternvertretungen setzen sich aus jenen Eltern zusammen, die über ein schulisches Mandat auf die Stadt-, gegebenenfalls Kreis- oder Landesebene, gewählt worden sind. In Nordrhein-Westfalen und Bayern gibt es keine „Landeselternvertretungen", hier übernehmen diese Vertretung private Vereine.

Die Landeselternvertretungen aus den 16 Bundesländern haben sich im Bundeselternrat zu einer Arbeitsgemeinschaft zusammengeschlossen. Die Bezeichnung der Elterngremien sowie ihre Art und rechtliche Einbettung unterscheiden sich in den Ländern. Was zum Beispiel in Baden-Württemberg „Elternbeirat" heißt, nennt sich in Nordrhein-Westfalen „Elternpflegschaft". Auch die Aufgaben und Kompetenzen der Gremien variieren. In Schleswig-Holstein gibt es für jede Schulform eine eigene Landeselternvertretung, im Saarland dagegen haben sich die einzelnen Elternvertretungen zu einer Spitzenorganisation zusammengeschlossen.

Elternarbeit auf Landes- und Bundesebene bedeutet, sich um Einflussnahme in einem Labyrinth aus vielfältigen bildungspolitischen Interessen zu bemühen. Aufgabe der Elternvertretungen ist es, die Vorstellungen der Eltern in politische Prozesse und Gespräche einzubringen, Allianzen mit anderen zu schließen und die Meinungsbildung der Entscheidungsträger zu beeinflussen. Die Einmischung von Eltern in bildungspolitische Entscheidungsprozesse ist ein wesentliches Recht, das den Eltern verfassungsmäßig zusteht. So heißt es z. B. in der Landesverfassung von NRW in Artikel 10. Abs. 2: „Die Erziehungsberechtigten wirken durch Elternvertretungen an der Gestaltung des Schulwesens mit." Ähnliches ist in allen Landesverfassungen formuliert. Alle Elternvertreterinnen und Elternvertreter arbeiten ehrenamtlich.

DESI (www.dipf.de/desi)

DESI (Deutsch-Englisch-Schülerleistungen-International) ist eine Studie zur Erfassung der sprachlichen Leistungen in Deutsch und Englisch von Schülerinnen und Schülern an Schulen in Deutschland. Die Untersuchung wurde 2001 als erste große Schulleistungsuntersuchung in Deutschland von der Kultusministerkonferenz (KMK) in Auftrag gegeben. Etwa 11.000 Schülerinnen und Schüler der 9. Klassen aller Schulformen wurden zu Beginn und am Ende des Schuljahres befragt und getestet. Hinzu kamen Befragungen von Lehrern, Eltern und Schulleitungen sowie Video-Aufzeichnungen.

Der Studie zufolge gibt es im Englischunterricht vor allem in den Gymnasien eine sehr starke Leistungsspitze von zehn bis fünfzehn Prozent der Schüler, deren Kompetenzen weit über das Anforderungsniveau der Lehrpläne hinausragen.

Bei Problemen andererseits weist die Studie nach, dass es in den Hauptschulen, integrierten Gesamtschulen und Schulen mit mehreren Bildungsgängen deutliche Defizite gibt. In der Sprachkompetenz liegen Mädchen wie erwartet weit vor den Jungen. Interessant ist aber, dass Jungen im mündlichen Sprachgebrauch einen Vorsprung besitzen.

Bedeutsam für die Unterrichtsforschung sind folgende Ergebnisse: Zum einen weist der Englisch-Unterricht in größeren Klassen eine geringere Qualität auf als in zahlenmäßig kleineren Klassen, zum anderen wiesen die Forscher nach, dass die Förderung des Lerninteresses und der Einstellung zum Fach für den Lernerfolg mindestens so wichtig ist wie die direkte Leistungsförderung. Prozessqualität des Unterrichts und Lehrermerkmale spielen demnach eine wesentliche Rolle für erfolgreiches Lernen.

Bei den Schulleistungen im Fach Deutsch liegen solche Kinder am weitesten zurück, in deren Elternhaus kein Deutsch gesprochen wird. Mehrsprachig aufgewachsene Jugendliche zeigten dagegen deutlich bessere Ergebnisse. Erstmals konnten die Wissenschaftler nachweisen, dass Kindern, die bereits Deutsch als zweite beziehungsweise fremde Sprache erworben haben, das Erlernen der Fremdsprache Englisch vergleichsweise leichterfällt.

IGLU (www.erzwiss.uni-hamburg.de/IGLU/home.htm)

IGLU ist die deutsche Abkürzung für Internationale Grundschul-Lese-Untersuchung und wird international vom International Association for the Evaluation of Educational Achievement (IEA) durchgeführt. Die internationale Bezeichnung der Studie lautet PIRLS (Progress in International Reading Literacy Study).

In dieser Studie werden Lesefähigkeiten bzw. das Leseverständnis von Viertklässlern verglichen. Die Fähigkeiten der deutschen (Grund-)Schüler liegen nach dieser 2003 veröffentlichten Studie im internationalen Vergleich im vorderen Mittelfeld. Nach den ernüchternden Ergebnissen der PISA-Studien wurde dies als Überraschung angesehen. Insbesondere gab es Anlass zu Diskussionen, ob im deutschen Schulsystem gravierende Probleme im Zeitraum zwischen der vierten Klasse (von IGLU untersucht) und der achten Klasse (von PISA untersucht) bestehen. Als mögliche Ursachen wurden vor allem der dazwischen liegende Schulwechsel und die Aufteilung in das dreigliedrige Schulsystem diskutiert.

Die 2004 veröffentlichte zweite Studie sorgte für Diskussionsstoff über die Schullaufbahnempfehlungen der Lehrkräfte. Es wurde deutlich, dass selbst bei gleichen kognitiven Grundfähigkeiten und gleicher Lesekompetenz ein Kind aus einer bildungsnahen Schicht eine 2,63-fach größere Chance hat, eine Gymnasialempfehlung zu erhalten als ein Kind aus einem bildungsfernen Elternhaus. Auch Kinder, deren Eltern beide in Deutschland geboren waren, wurden von den Lehrkräften bei gleicher Lesekompetenz bevorzugt (2,11-fach größere Chance).

IGLU/E ist eine nationale Erweiterung. Mit ihr werden in Deutschland in zwölf Ländern die Kompetenzen von Schülerinnen und Schülern im mathematisch-naturwissenschaftlichen Bereich erfasst.

KMK (www.kmk.org)

Die KMK (Ständige Konferenz der Kultusminister der Länder der Bundesrepublik Deutschland) oder Kultusministerkonferenz mit Sitz in Bonn und einer Dienstelle in Berlin ist ein Zusammenschluss der für Bildung und Erziehung, Hochschulen und Forschung sowie kulturelle Angelegenheiten zuständigen Minister bzw. Senatoren der Länder. Sie treffen sich drei- bis viermal im Jahr. Ihr Ziel ist eine gemeinsame Meinungs- und Willensbildung und die Vertretung gemeinsamer Anliegen in allen Angelegenheiten der überregionalen Kulturpolitik.

Für die Aufgaben der Kultusministerkonferenz ist von Bedeutung, dass die Zuständigkeiten für das Bildungswesen und die Kultur nach dem Grundgesetz im Wesentlichen bei den Ländern liegen (sog. Kulturhoheit der Länder). Das hat sich auch nach der Föderalismusreform nicht geändert, bei der die Zuständigkeit für das Thema Bildung lange diskutiert, letztendlich aber die Kompetenz der Länder gestärkt wurde.

Mit der Ankündigung des Austritts aus der KMK durch Niedersachsens Ministerpräsident Christian Wulff 2004 erreichte die schwelende Kritik an der KMK ihren Höhepunkt. Seit PISA, aber auch schon vorher, wurde ihr Ineffizienz, Schwerfälligkeit und mangelnde Reformfreude vorgeworfen.

OECD (www.oecd.org)

Die Organisation für wirtschaftliche Zusammenarbeit und Entwicklung (Organisation for Economic Cooperation and Development) ist eine zwischenstaatliche Organisation mit Sitz in Paris. Sie ist ein in ihrer Art einzigartiges Forum, in dem die Regierungen von 30 demokratischen Staaten gemeinsam daran arbeiten, den globalisierungsbedingten

Herausforderungen im Wirtschafts-, Sozial- und Umweltbereich zu begegnen. Insgesamt sehen sich Sekretariat und Direktorate in erster Linie als Denkfabrik, die Probleme frühzeitig erkennt und Lösungsmöglichkeiten zur Diskussion stellt.

Große Verdienste hat sich die OECD durch ihre Arbeit im statistischen Bereich und als Forum für den Erfahrungsaustausch erworben. Sie ist weltweit eine der größten und zuverlässigsten Quellen für vergleichbare statistische, wirtschaftliche und soziale Daten.

PISA-Studien (www.pisa.oecd.org)

Die Ergebnisse der PISA-Studie haben in Deutschland zu einem gewaltigen Medien-Echo geführt und das gesamte Bildungssystem inklusive der Kindertagesstätten auf den Prüfstand gestellt. Der „Blick über den Tellerrand" hatte gezeigt, dass andere Nationen mit integrierten und ganztägigen Schulsystemen, individueller Förderung und frühen Bildungsangeboten in den Kindertagesstätten Spitzen-Ergebnisse erzielten, während sich Deutschland mit seinem dreigliedrigen Schulsystem weit abgeschlagen im unteren Mittelfeld wiederfand. Besondere Beachtung fand auch die Feststellung, dass in keinem anderen Land der Schulerfolg in einem so starken Maß vom Elternhaus abhängt wie in Deutschland. Seit PISA gelten die Bildungssysteme der skandinavischen Länder, allen voran Finnland, die sowohl in den Fachleistungen als auch unter integrierenden, fördernden und unterrichtsbezogenen Aspekten beste Ergebnisse erzielten, als Erfolgsmodell.

Das „Programme for International Student Assessment" (PISA) der OECD hat zum Ziel, alltagsrelevante Kenntnisse und Fähigkeiten 15-jähriger Schülerinnen und Schüler zu messen. Die PISA-Studien werden seit dem Jahr 2000 in dreijährigem Turnus in den meisten Mitgliedsstaaten der OECD und einer zunehmenden Anzahl von Partnerstaaten durchgeführt. Zusätzlich zu den internationalen Studien führen einige teilnehmende Staaten noch nationale Erweiterungsstudien durch. In Deutschland wird diese Erweiterung als PISA-E bezeichnet; der internationale Test wird zur Unterscheidung als PISA-I bzw. PISA-II bezeichnet. Darüber hinaus wird in Deutschland PISA-I-plus durchgeführt, eine Studie, in der einige Schulklassen nach einem Jahr ein zweites Mal getestet werden, um Lernfortschritte im Laufe des 9./10. Schuljahrs zu messen.

Jede PISA-Studie umfasst die drei Bereiche Lesekompetenz, Mathematik, Naturwissenschaften. Bei jedem Durchgang wird ein Bereich vertieft untersucht: 2000 die Lesekompetenz, 2003 Mathematik, 2006 Naturwissenschaften. Dieser Zyklus soll alle neun Jahre wiederholt werden. Zusätzlich wird in jeder Studie ein Querschnittsthema untersucht: 2000

Lernstrategien und Selbstreguliertes Lernen, 2003 Problemlösen, 2006 Informationstechnische Grundbildung.

TIMSS (www.timss.mpg.de)

Mit TIMSS erhob die IAE (International Association für the Evaluation auf Educational Achievement) Daten zu den Leistungen von mehr als einer halben Million Schülerinnen und Schülern aus rund 15.000 Schulen in 46 Ländern und ermittelte Hintergrundinformationen über den Unterricht, die Lehrer, die Schulen sowie Aspekte der außerschulischen Lebensumwelt der Schülerinnen und Schüler. TIMSS war ursprünglich ein Akronym für Third International Mathematics and Science Study (Dritte Internationale Mathematik- und Naturwissenschaftsstudie), eine Schulleistungsuntersuchung, die 1994/95 durchgeführt und deren Ergebnisse 1997/98 veröffentlicht wurden. Die Studie wird seitdem in vierjährigem Turnus fortgeführt. Seit TIMSS 2003 steht das Akronym für Trends in Mathematics and Science Study. Deutschland, Österreich und die Schweiz haben sich nur an TIMSS 1995 beteiligt.

Auffällig und viel zitiert war das Ergebnis, dass es in Deutschland eine breite Überschneidung der mathematischen Kompetenzen von Jugendlichen an Hauptschule und Gymnasien gibt. Einige weitere Ergebnisse aus dem Bereich Mathematisch-naturwissenschaftliche Grundbildung: Die Testleistungen deutscher Schülerinnen und Schüler in der Gruppe vergleichbarer Länder liegen im unteren Bereich.

Die potentiell leistungsstärksten deutschen Schülerinnen und Schüler können im Vergleich mit Spitzenschülern europäischer Nachbarländer nicht bestehen.

Relative Schwächen bestehen bei Aufgaben, die das selbstständige Anwenden von Gelerntem, die Übertragung in neue Kontexte oder ein flexibles Umstrukturieren von Problemkonstellationen erfordern. Deutsche Schülerinnen und Schüler erzielen eher in Routine-Aufgaben gute Ergebnisse.

Voruniversitärer Bereich: In der internationalen Spitzengruppe sind deutsche Schülerinnen und Schüler nicht vertreten. Je anspruchsvoller eine Aufgabe, umso mehr fallen die deutschen Abiturienten zurück.

Die Informationen entstammen den angegebenen homepages, der freien Online-Enzyklopädie „Wikipedia" und eigenen Kenntnissen.